유아교사를 위한

동요반주법

유아교사를 위한

동요반주법

조유나 저

동문사

머리말

유아들은 노랫소리가 들리면 가르치지 않아도 몸을 움직이며 흥얼거리며 따라 부르기도 합니다. 유아들은 선천적으로 노래 부르는 것을 즐거워하지만 노래 부르는 능력은 개인에 따라 모두 다릅니다. 노래 부를 것을 매우 즐기고 잘 부르는 유아도 있지만 함께 부르는 것을 꺼리는 유아들도 있습니다.

노래 부르기는 어느 유아교육기관에서나 자연스럽게 음악적 능력을 키우는 즐거운 유아들의 활동입니다. 이때 노래를 잘 부르는 것보다 유아의 음악적 능력 발달을 고려하여 노래 부르기에 대한 즐거운 경험을 갖도록 하는 것이 필요합니다. 이를 위해서는 교사의 역할은 매우 중요합니다.

교실에서 유아들과 노래를 지도할 때 사용하는 악기나 매체는 매우 다양합니다. 스마트폰이나 컴퓨터를 이용해서도 노래를 지도하고 부르는 것은 얼마든지 할 수 있습니다. 하지만 직접적인 언어적 상호작용을 통해 언어를 배우는 것뿐만 아니라 정서적 교감과 애착이 형성되듯이 노래를 부르는 과정에서도 피아노를 치며 교사와 함께 목소리를 높여 부르는 과정은 단순히 노래를 배우고 부르는 것뿐만 아니라 악기로 인한 즐거움, 교사와의 정서적 공감대를 형성하며 음악을 더욱 즐겁게 행복하게 경험하게 합니다. 그래서 유아교사로서 피아노 반주법을 배우려 하는 것입니다. 동요 반주를 할 수 있다면 유아들과 함께 노래 부르는 시간이 더 즐겁고 의미 있는 과정이 될 것은 분명합니다.

분명 피아노 연주를 잘 하는 일은 결코 쉬운 일이 아닙니다. 그러나 피아노로 동요 반주법을 익히는 것은 피아노를 전공하거나 피아노 연주를 잘 하기 위한 과정이 아닙니다.

이 책은 예비 유아교사들이 앞으로 동요 반주를 쉬우면서도 자신감 있게 할 수 있도록 단계적으로 구성하였습니다. 피아노를 배우지 않았어도 이 과정을 통해 자신감 있게 동요 반주를 할 수 있도록 구성하였습니다.

이 책은 다섯 개의 파트로 구성되어 있습니다. 첫 번째 장에서는 음악 이론의 기초를 다루었고 두 번째 장에서는 피아노 연주의 기본 자세를 제시하였습니다. 세 번째 장은 기본 코드의 이해, 그리고 네 번째 장에서 코드를 사용한 동요반주법 실제를 다루고 있습니다. 그리고 마지막으로 주제별 동요를 제시하여 여러분의 동요 반주 연습에 도움을 주고자 하였습니다.

어린아이가 처음 걸음마를 배울 때 넘어질까 봐 두려워하지 않고 한걸음 한걸음 내딛다 보면 어느새 달리기를 하고 있는 아이의 모습을 보게 됩니다. 피아노를 잘 치지 못하는 것에 대해 두려움을 갖지 말고 한 단계 한 단계 연습하다 보면 분명 여러분은 동요 반주를 잘 하는 교사로 거듭나게 될 것입니다. 교사의 반주에 맞춰 유아들의 고운 소리를 내며 노래 부르는 모습을 상상하며 꾸준히 연습해 나가기 바랍니다. 그러한 과정에 이 교재가 여러분에게 도움이 되기를 바랍니다.

끝으로 부족한 원고임에도 출판하도록 도움을 주신 동문사 임직원 여러분께 감사 인사를 드립니다.

2023년 2월

조유나

차례

Ⅰ. 음악의 기초

Ⅱ. 피아노 연주의 기초

Ⅲ. 기본 코드의 이해

Ⅳ. 코드로 하는 동요반주의 실제

V. 주제별 동요 반주곡

8. 계절 · · · · · · · · · · · · · · 200

I.
음악의 기초

유아교사를 위한 동요반주법

1. 음악의 요소

음악을 구성하는 3요소에는 리듬, 멜로디, 화성이 있다.

- 리듬(Rhythm) : 리듬은 여러 가지 길고 짧은 음과 셈여림이 시간적으로 결합된 것을 말하며 음악 형성의 기반이고 음악 질서의 원동력이 되는 중요한 요소이다.
- 선율(Melody) : 여러 가지 높고 낮은음과 길고 짧은 음의 연속에다 리듬의 요소가 첨가된 것으로 감정을 나타내는 중요한 음악적 표현 수단이다.
- 화성(Harmony) : 화성은 높이가 다른 두 개의 음이 동시에 울리는 상태이며, 멜로디의 배후에서 음 빛깔의 효과를 더하는 역할을 하여 음악을 한층 충실하게 완성시켜 주는 중요한 역할을 한다.

2. 보표(Staff)와 음자리표

1) 보표

음악을 기록하기 위해서는 보표가 필요하다. 보표는 음악을 기록할 때 다섯 개의 평행선을 사용하는데 이것을 보표, 또는 오선보라고 말한다. 오선보는 줄과 줄 사이의 네 개의 칸과 다섯 개의 줄을 사용해서 음의 높이를 나타내며, 오선 안에 나타낼 수 없는 높은음이나 낮은음은 위, 아래에 줄을 덧 그려서 사용하며 이를 덧줄이라고 한다.

덧줄을 너무 많이 사용할 경우 악보 읽기가 복잡해지므로 음자리표를 바꾸어서 사용하여 번거로움을 없앨 수 있다.

보표의 종류는 한 성부를 위한 다섯 줄로만 된 작은 보표와 높은음자리표와 낮은음자리표로 연결된 큰 보표, 여러 파트로 이루어진 모음보표가 있다.

① **작은 보표(Short Staff)**

작은 보표는 한 성부 또는 한 악기를 위해 다섯 줄로 된 보표를 말한다.

동요 [곰 세 마리]의 일부

② **큰 보표(Grand Staff)**

높은음자리표와 낮은음자리표를 연결하고 큰 괄호로 묶어 사용하는 것을 큰 보표라고 한다. 피아노나 오르간 등 건반 악기에서 많이 쓰이며 일반적으로 높은음자리 보표는 오른손으로, 낮은음 자리 보표는 왼손으로 연주한다.

곰 세마리 가
한 집에있 어
아빠곰 엄마곰
애 기 곰

동요 [곰 세 마리]의 일부

③ **모음보표(Score)**

오케스트라나 합창처럼 여러 가지 악기의 합주 또는 여러 상부로 이루어진 작품의 각 파트 보표를 각각 다른 보표에 기록하여 한꺼번에 볼 수 있도록 하나로 묶은 것을 모음보표(Score)라고 한다. 일반적으로 오케스트라연주, 관현악, 실내악 합주 등의 악보에 쓰인다.

Vln. I
Vln. II
Vc.I
Vc.II
mf

출처: www.leethoverenmusic.com 추억의 동요 메들리 중

2) 음자리표(clef)

오선보 위에 모든 음높이를 기보 할 수 없으므로 음의 절대적 높이를 표시하기 위해 음자리표를 사용한다. 음자리표에는 높은음자리표, 가온음자리표, 낮은음자리표가 있는데 주로 동요 반주를 위해서는 높은음자리표와 낮은음자리표를 사용한다.

① 높은음자리표

계이름이 오선보 아래 첫째 줄을 도로 이루어지며 오른손 연주를 기보하는 데 사용된다.

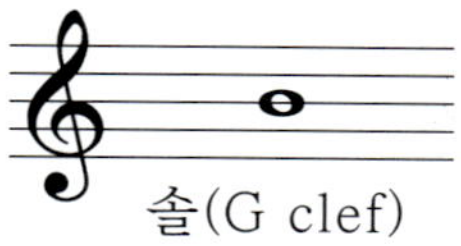

솔(G clef)

② 낮은음자리표

계이름이 오선보 둘째 칸을 도로 기보하여 주로 왼손 반주를 위한 악보를 기보할 때 사용한다.

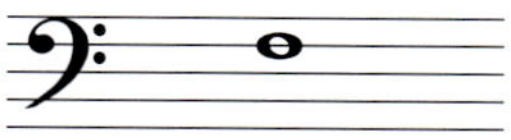

파(F clef)

높은음자리표 아래 첫째 줄의 도(가온 도)와 낮은음자리표로 표기할 때 위 첫째 줄 도(가온 도)가 같은 음이다.

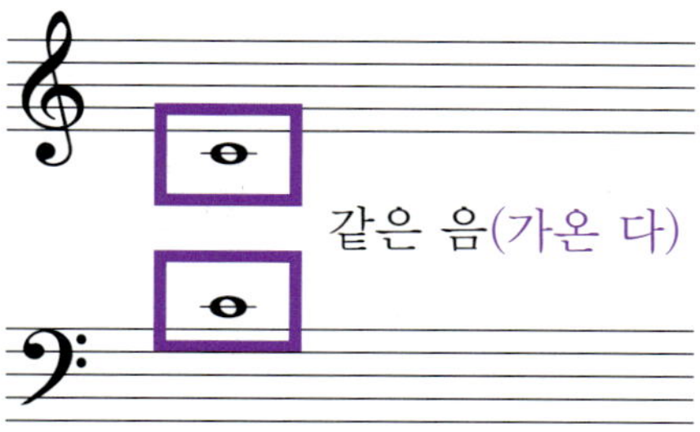

3. 음이름(Tone Name)

음악에서 사용되는 7개의 음은 각자 고유한 이름을 갖고 있다. 피아노 음높이에 따라 도, 레, 미, 파, 솔, 라, 시 또는 다, 라, 마, 바, 사, 가, 나로 읽으며 알파벳식 표기로는 C, D, E, F, G, A, B이다.

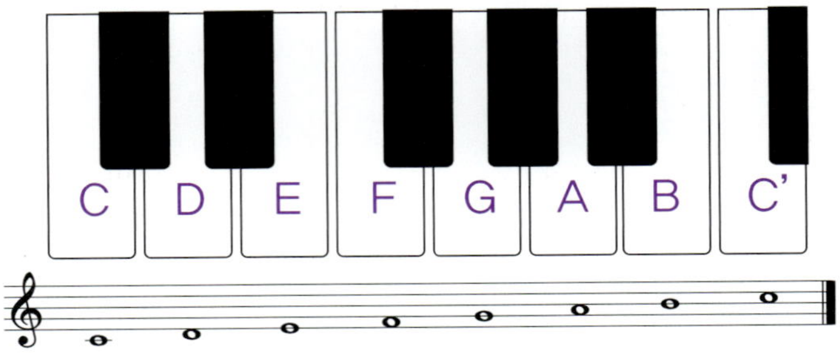

한 국	다	라	마	바	사	가	나	다
영/미	C	D	E	F	G	A	B	C
이탈리아	do	re	mi	fa	sol	la	si	do

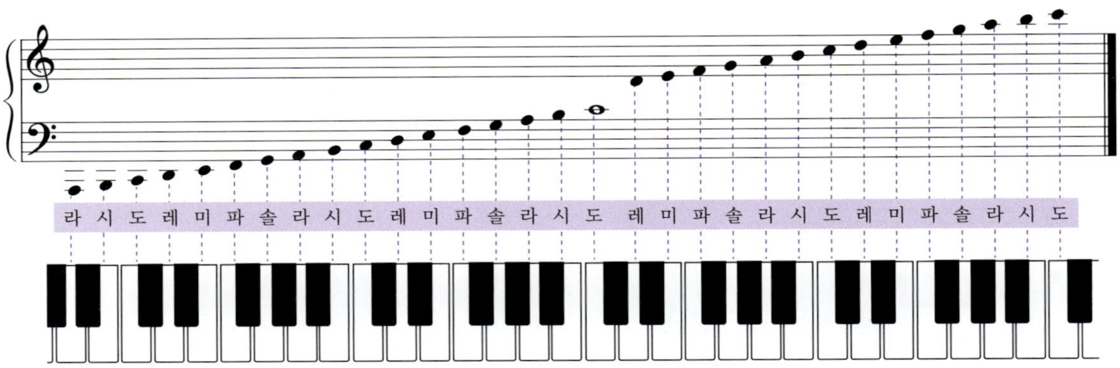

다음 악보를 계이름으로 읽어 보세요.

잠자리

백약란 작사
손대업 작곡

잠 자리날 아 다 니 다 장 다리꽃 에 앉 았 다
살 금 살 금 바 둑 이 가
잡 다가놓 쳐 버 렸 다 짖 다가날 려 버 렸 다

4. 온음과 반음

다장조를 구성하고 있는 기본적인 7음으로 흰건반에 해당하는 음을 원음이라고 말한다. 기본이 되는 원음에 임시표를 붙여서 반음씩 올리거나 내려서 생기는 음을 사이음이라고 한다. 즉 흰건반 사이의 검은 건반의 음을 사이음이라고 한다.

이들 음과 음 사이에는 반음 관계와 온음 관계가 있다. 반음이란 음정의 최소 단위로 피아노 건반에서 흰건반 바로 옆에 검은 건반, 즉 도와 도#은 반음 관계이다. 온음은 반음과 반음으로 이루어진 음정 관계를 말한다. 따라서 음계에서 "미와 파", "시와 도" 음정 관계는 흰건반 사이에 검은 건반이 없으므로 반음 관계이다.

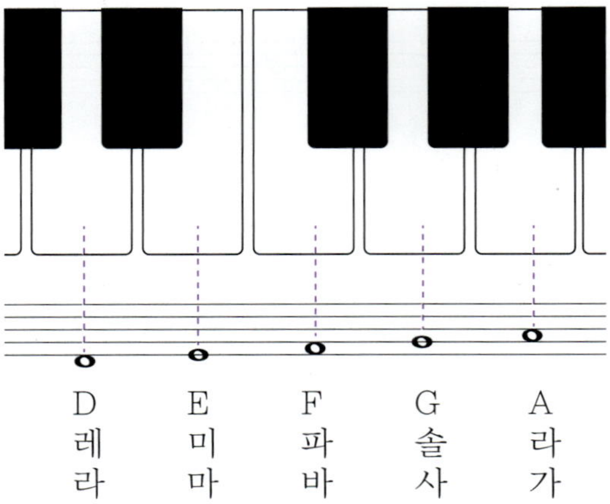

[원음]

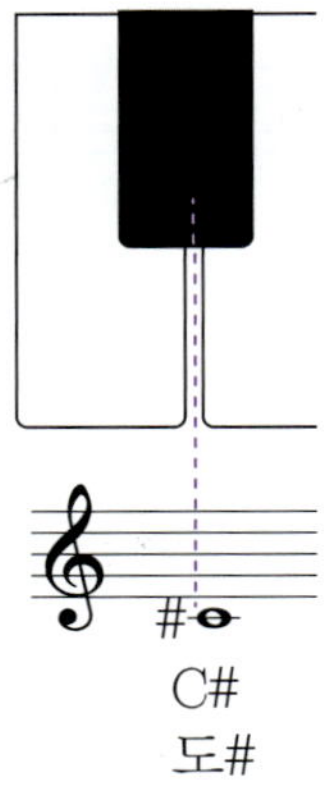

[사이음]

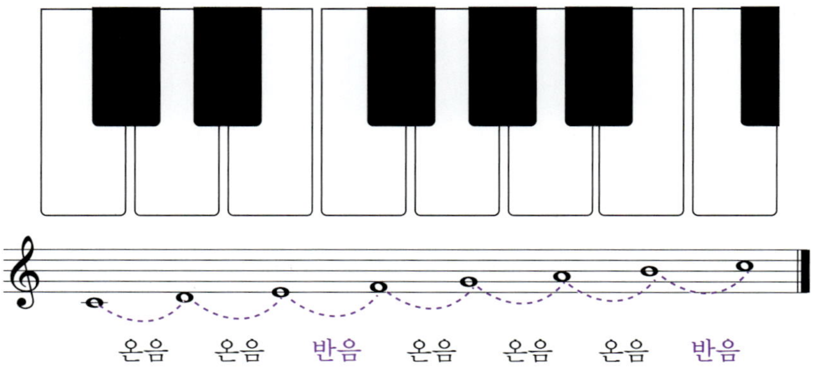

5. 음표와 쉼표

1) 음표의 종류와 길이

음표는 음의 길이와 고저를 나타내기 위한 표를 말하며 쉼표는 쉬는 길이를 나타내기 위한 표이다. 음표에는 점이 없는 민음표와 점이 있는 점음표가 있으며 쉼표에도 민쉼표와 점쉼표로 기보한다.

① 민음표(Note)

음표는 ♩(4분음표)를 1박으로 세는 것이 일반적이며 4분음표를 기준으로 각 음표의 길이는 다음과 같다.

음표	온음표	2분음표	4분음표	8분음표	16분음표	32분음표
	𝅝	𝅗𝅥	♩	♪	𝅘𝅥𝅯	𝅘𝅥𝅰
길이	♩+♩+♩+♩	♩+♩	♪+♪	𝅘𝅥𝅯+𝅘𝅥𝅯	𝅘𝅥𝅰+𝅘𝅥𝅰	𝅘𝅥𝅱+𝅘𝅥𝅱
길이비례	4박	2박	1박	½박	¼박	⅛박

② 점음표(Dotted Notes)

점음표는 민음표에 점을 붙임으로써 음가를 달리하는 음표이며 점은 원음표 길이의 ½박자에 해당한다.

점음표	점온음표	점2분음표	점4분음표	점8분음표	점16분음표
	𝅝.	𝅗𝅥.	♩.	♪.	𝅘𝅥𝅯.
길이	𝅝+𝅗𝅥	𝅗𝅥+♩	♩+♪	♪+𝅘𝅥𝅯	𝅘𝅥𝅯+𝅘𝅥𝅰
길이비례	6박	3박	1½박	¾박	⅜박

③ 잇단음표

리듬에 변화를 주기 위하여 음표를 분할하는 것을 잇단음표라고 한다. 한 개의 음을 몇 개의 숫자로 분할하였는지에 따라 3개로 분할한 것은 3잇단음표, 5개로 분할한 것은 5잇단음표, 7개로 분할한 것을 7잇단음표라고 하며 셋잇단음표가 가장 많이 사용된다.

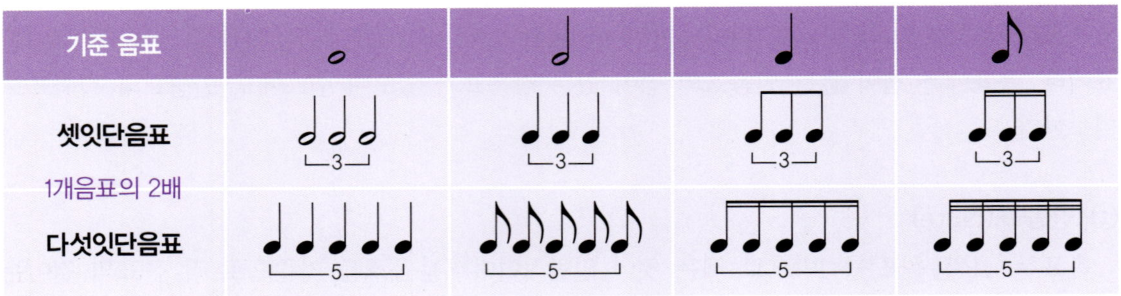

2) 쉼표의 종류와 길이

음악이 연주되지 않고 쉬는 시간도 음악의 한 부분이다. 쉼표는 음이 없는 시간의 길이를 나타내는 표이며 음표와 마찬가지로 점이 없는 민쉼표와 점이 있는 점쉼표로 나타낸다.

민쉼표

쉼표모양	이름	박자	읽을 때
𝄻	온쉼표	4박	\/\/\/\/
𝄼	2분쉼표	2박	\/\/
𝄽	4분쉼표	1박	\/
𝄾	8분쉼표	½박	\
𝄿	16분쉼표	¼박	ˎ
𝅀	32분쉼표	⅛박	ˎ

점쉼표

쉼표모양	이름	박자	읽을 때
𝄻.	점온쉼표	4박+2박	\/\/\/\/\/\/
𝄼.	점2분쉼표	2박+1박	\/\/\/
𝄽.	점4분쉼표	1박+½박	\/\
𝄾.	점8분쉼표	½박+¼박	\ˎ
𝄿.	점16분쉼표	¼박+⅛박	ˎ
𝅀.	점32분쉼표	⅛박+1/16박	ˎ

6. 박자(Time)와 마디(Measure)

1) 박자의 종류

박자를 이해하기 위해서는 박의 개념을 알아야 한다. 박(beat)이란 음악의 시간적 진행에 대한 가장 기본적인 최소 단위로 메트로놈이 제시하는 똑딱 소리처럼 일정한 간격으로 되풀이되는 단위 소리를 말한다. 이러한 박은 음표나 쉼표로 표현하며 4분음표는 1박, 온음표는 4박 등 음표의 길이를 나타내는 단위로 사용한다.

이러한 박이 일정한 수가 모여 음악적 시간을 구성하는 기본 단위를 박자라고 말하며 셈여림으로 표현된다. 박자는 한 마디를 기준으로 하며 한 마디 안에 몇 개의 박이 묶여 있는가에 따라 2박자, 3박자, 4박자 등이 된다. 박자의 종류에는 2/4, 3/4, 4/4./6/8,/ 2/2, 8/9, 12/8, 6/4 박자 등이 있다.

박자는 오선 위에 다음과 같이 표시한다. 분모에 해당하는 부분은 한 박을 이루는 단위를 의미하고 분자에 해당하는 부분은 한 마디 안에 주어지는 박의 수를 의미한다.

예를 들어 4/4박자는 4분음표를 한 박을 이루는 단위로 하며 한 마디 안에 4박이 있다는 의미이고 3/4박자는 한 마디 안에 4분음표가 3박이 있다는 의미이다. 6/8박자는 8분음표를 한 박으로 한 마디 안에 6박이 있다는 의미이다.

리듬은 음의 길이에 따른 변화 있는 흐름으로 음표와 쉼표가 길이를 달리하며 연속적으로 진행하는 것을 말한다. 즉 4분의 4박자 안에서 임의 길이와 셈여림 등이 자유롭게 조합되어 여러 가지 리듬꼴이 있다. 동요 '작은 별'은 4/4 박자의 노래로 4분음표를 1박으로 하는 4박자 노래이며 그 노래 안에서 다양한 리듬과 멜로디로 이루어져 있다.

2) 세로줄과 마디(Measure)

보표 위에 박자를 기준으로 하여 세로줄을 구분하며 이 세로줄에 의해 나누어진 한 토막을 마디라고 한다. 곡의 단락이나 조가 바뀔 때에는 겹으로 된 세로줄을 쓴다. 이 세로줄을 겹세로줄이라고 하며 곡이 끝나는 겹세로줄은 오른쪽 줄을 진하게 그어 표시하며 끝세로줄이라고 한다.

3) 갖춘마디와 못갖춘마디

① 갖춘마디

완전한 마디로 시작하여 완전한 마디로 끝나는 곡조이며 첫 박이 센박으로 시작된다.

갖춘마디 예)

병원차와 소방차

유경손 작사
유경손 작곡

1. 하 얀 자동차가 삐 뽀 삐 뽀 내가먼저가야해요 삐 뽀 삐 뽀
2. 빨 간 자동차가 애 앵 애 앵 내가먼저가야해요 애 앵 애 앵
아픈사람탔으니까 삐 뽀 삐 뽀 병원으로가야해요 삐뽀삐뽀삐
불났어요불났어요 애 앵 애 앵 불을끄러가야해요 애애애애앵

② 못갖춘마디

불완전한 마디로 시작하여 불완전한 마디로 끝나는 곡으로 첫 박이 여린박으로 시작된다. 못갖춘마디의 여린박으로 시작되는 것은 처음과 끝의 마디가 합쳐져 완전한 박자가 됨으로써 갖춘마디를 이루게 된다.

못갖춘마디 예)

친구야 나는 너를 사랑해

작사 미상
작곡 미상

친구 야 나 는 너를 사 랑 해 친구 야 나 는 너를 사 랑 해 사랑
해 사랑해 사랑 해 사랑해 나는 너 를 사 랑 해

못갖춘 마디의 예)

등대지기

고은 작사
영국 민요

1. 얼 어 붙 은 달 그 - 림 자 물 결 위 에 - 자 고 - 한
2. 모 질 게 도 비 바 - 람 이 저 바 다 를 - 덮 어 - 산
겨 울 의 거 센 - 파 도 모 으 는 작 - 은 섬 - 생
을 이 룬 거 센 - 파 도 천 지 를 흔 - 든 다 - 이
각 하 라 저 등 대 를 지 키 는 사 - 람 의 - 거
밤 에 도 저 등 대 를 지 키 는 사 - 람 의 - 거
룩 하 고 아 름 - 다 운 사 랑 의 마 - 음 을 -
룩 한 손 정 성 - 이 어 바 다 를 비 - 친 다 -

7. 변화표(Accidental Notation)

1) 변화표의 종류와 기능

원음 앞에 붙어서 반음 올리거나 내려서 이루어진 사이음을 표시하는 표를 변화표라 한다.

변화표에는 올림표, 내림표, 제자리표, 겹올림표, 겹내림표 등이 있으나 이 중에서 올림표, 내림표, 제자리표에 대해 알아보겠다.

① **올림표(Sharp)** : 음표의 앞에 붙여 음을 반음 올리는 표로 샵(#)으로 표시한다.

② **내림표(Flat)** : 음표의 앞에 붙여 음을 반음 내리는 표로 플랫(♭)으로 표시한다.

③ **제자리표(Natural)** : 변화표에 의해 변화된 음을 본래의 자리로 보내는 표이다.

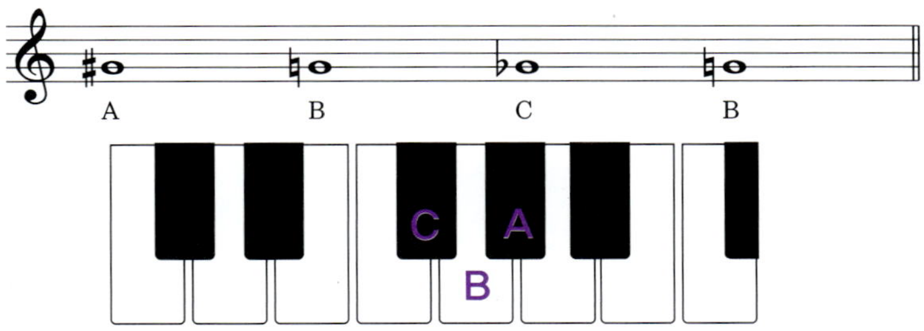

2) 조표와 임시표

변화표는 조표로 쓰일 때와 임시표로 쓰일 때가 있다.

① **조표**

변화표를 음자리표 다음에 표시하여 옥타브와 관계 없이 변화표가 붙어있지 않아도 곡 전체에서 모두 변화표가 붙은 음의 효력을 나타낸다. 만약 연주 도중에 조표에 해당하는 음을 원음으로 보내고자 하면 제자리표를 붙여야 하며 이때 제자리표는 임시표의 역할을 한다.

② **임시표**

임시표는 곡의 연주 도중에 한 음의 높이를 높이거나 내릴 때 즉 한 음의 높이를 임시로 변화시키는 표를 말한다. 임시표는 임시표가 붙은 그 마디 안에서 효력이 있다. 같은 음이라 하더라도 옥타브 위나 아래의 같은 이름의 음에는 효력이 없다. 임시표가 붙은 음이 그다음 마디에 있지만 붙임줄로 연결되어 있는 경우는 예외적으로 전 음의 임시표의 효력이 있다.

다음 동요에서 변화표를 붙여 연주해야 하는 음을 찾아보세요.

둥근 달

윤석중 작사
권길상 작곡

보 름 달 둥 근 달 동 산 위 에 떠 올 라 -
어 둡 던 마 을 이 대 낮 처 럼 환 해 요 -
초 - 가 집 지 붕 에 새 하 얀 박 - 꽃 이 -
활 짝 들 피 - 어 서 달 구 경 하 지 요 -

8. 악보의 용어

1) 셈여림표

음악을 연주할 때 곡의 일부분 또는 특정한 음의 세기나 세기의 변화를 지시하는 기호가 셈여림표이다. 음정이나 음량의 크기를 지시하는 용어로서 세게 또는 여리게 연주하는 셈여림표로 피아노와 포르테가 있다.

기호	원음	발음	뜻
pp	pianissimo	피아니시모	아주 여리게
p	piano	피아노	여리게
mp	mezzo piano	메조피아노	조금 여리게
mf	mezzo forte	메조포르테	조금 세게
f	forte	포르테	세게
ff	fortissimo	포르티시모	아주 세게

음정의 세기를 점진적으로 변화시켜 연주하도록 하는 셈여림표는 다음과 같다.

cresc.	cresendo	크레센도	점점 세게
decresc.	decresendo	데크레센도	점점 여리게

어떤 특정 음을 갑작스럽게 세게 연주하도록 하는 셈여림표로는 악센트, 스포르잔도, 포르테피아노 등이 있다.

∧ 또는 <	accent	악센트	그 음을 특히 세게
sf 또는 *sfz*	sforzando	스포르잔도	"
rf, rfz	rinforzando	린포르잔도	특히 세게
fp	fortepiane	포르테피아노	세게 곧 여리게
pf	pianeforte	피아노포르테	여리게 곧 세게

1. 셈여림표를 가장 센 것부터 순서대로 적어보세요.

p, f, mf, mp, pp, ff

2. 다음 동시를 셈여림표를 반영하여 읽어 보세요.

엄마하고

박목월

엄마하고 길을 가면 나는 키가 커진다.
mp *mp* *ff*
엄마하고 얘길 하면 나는 말을 술술 나온다.
mp *cresc.*
그리고 엄마하고 자면 나는 자면서도 엄마를 꿈에 보게 된다.
mp *mf* *f* *decresc.*
참말이야 엄마는 내가 자면서도 빙그레 웃는다고 하셨어.
f *mp* *p* *stz*

2) 연주에 쓰이는 여러 가지 표

① 레가토(Legato)와 타이(tie)

레가토(legato)란 '부드럽게'라는 이탈리아어로 높이가 다른 두 개 이상의 음을 활선으로 연결해주며 이 활선에 걸린 음표들을 부드럽게 이어서, 매끄럽게 연주하라는 지시이다. 이음줄이라고도 하며 피아노를 연주할 때 지금 누르고 있은 음을 떼고 다음 음을 치는 것이 아니라 최대한 연결될 수 있도록 연주하라는 것이다.

같은 두 음을 활선으로 연결시키는 것을 타이(tie) 또는 붙임줄이라고 한다. 붙임줄이 있는 경우는 그 음표를 끊지 않고 그 음표를 합친 길이로 연주하라는 지시이다.

② 스타카토(staccato)

스타카토는 레가토와 반대로 음의 길이를 짧게 끊어서 연주하라는 기호이다. 스타카토를 사용함으로써 단조로운 선율에 변화를 주거나 특정 부분에 강조를 줄 수 있다. '스타카토'는 '스타카티시모', '스타카토', '메조스타카토'의 3단계로 나뉘어 있다. 스타카토는 1/2 길이로 음을 짧게 끊어서 연주하라는 표시로 음표 위에 점(•)으로 표시한다. 메조스타카토(mezzo staccato)는 3/4 길이로 짧게 끊어서 연주하라는 지시로 스타카토 표시 위에 슬러(slur)로 표기하거나 메조스타카토 기호를 이용하여 표기하기도 한다. 스타카토시모(▼)는 1/4 길이로 끊어서 연주하라는 기호이다.

스타카토

스타카티시모

㉠ 슬러를 이용한 표기 | ㉡ 메조스타카토 기호를 이용한 표기

메조스타카토

③ 테누토(Tenuto)

음의 길이를 충분히 끌어서 연주하라는 뜻이다. 테누토를 표시하는 기호는 다음 두 가지로 나타낸다.

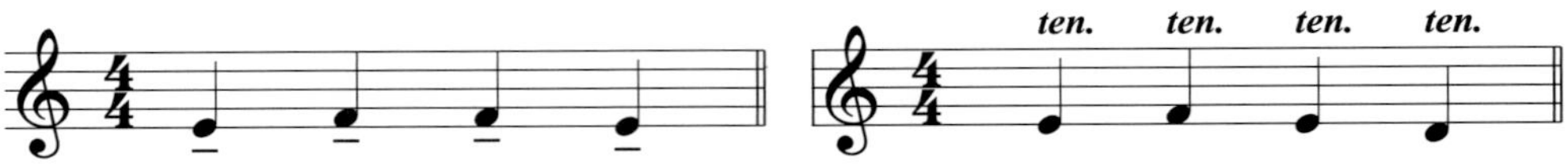

④ 페르마타(Fermata)

페르마타는 두 가지로 사용된다. 페르마타가 음표 위에 표시된 경우는 그 음의 길이를 본래 박보다 2~3배 늘여서 연주하라는 의미이며 늘임표라고도 한다.

겹세로줄에 페르마타가 있는 경우에는 D.C(다 카포) D.S(달 세뇨)와 같이 쓰여 곡을 마치라는 의미이며 이때는 마침표라고도 한다.

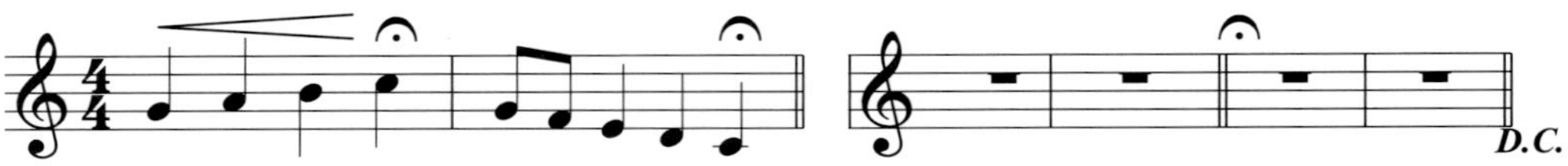

⑤ 옥타브표(8va)

두 옥타브 이상의 거리에 있는 음표들은 덧줄이 너무 많이 붙어서 악보를 읽기에 불편하므로 옥타브표를 사용한다. 음표 위에 있을 때는 실제로 그 음보다 완전8도 위의 음으로 연주하고 반대로 음표 밑에 있을 때는 완전8도 아래 음으로 연주한다.

⑥ 도돌이표(Repeat Mark)

도돌이표는 돌아가서 한 번 더 연주하라는 기호이며 여러 가지 기호로 기보한다.

a. ‖: :‖ 이 표는 일정한 마디를 되돌아가서 반복하여 연주하라는 지시이다.

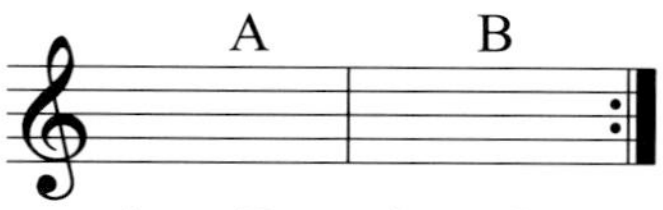

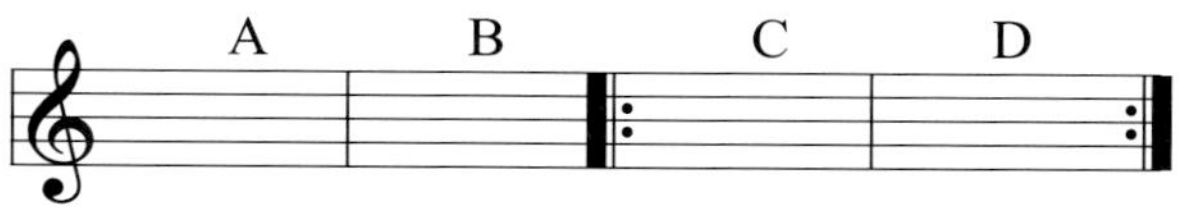

A → B → A → B　　　　A → B → C → D → C → D

b. ‖ :‖ ‖ 에 의한 표기되어 있는 경우에는 도돌이표를 실행하며 반복 연주하되 다시 반복할 때는 (1)은 연주하지 않고 (2)를연주한다.

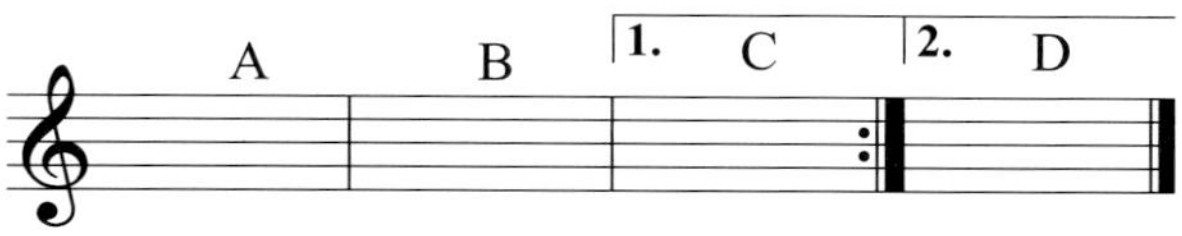

A → B → C → A → B → D

c. 다 카포(Da Capo, D.C.)와 피네(Fine)

악곡이나 악절 끝부분에 D.C.(다 카포)가 표시되어 있는 경우에도 도돌이표와 마찬가지로 처음으로 돌아가서 연주를 계속하라는 뜻이며 반복 후에는 Fine 또는 마침표가 있는 곳에서 곡을 끝마친다.

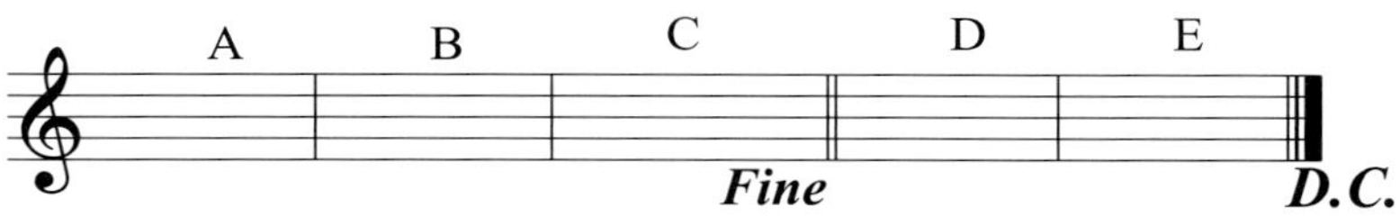

A → B → C → D → E → A → B → C

d. 달세뇨(Dal Segno, D.S.)

달세뇨도 반복해서 연주하라는 기호이다. 악곡 중간에 D.S.(달세뇨) 표시가 있으면(Segno) 표기가 있는 곳으로 돌아가서 반복하여 연주하고 Fine에서 마친다.

A → B → C → D → E → F → C → D

다음 악보의 연주 순서를 말해보세요.

수박파티

김영광 작사
오상철 작곡

커 다 란 수 박 하 나 잘 익었 나 통 통 통 단 숨 에 쪼 개 니
속 이 보 이 네 몇 번 더 쪼 갠 후 에 너 도 나 도 들 고 서
우 리 모 두 하 모 니 카 신 나 게 불 어 요 쭉 쭉 쭉 쭉 쭉
쓱 쓱 쓱 쓱 쓱 싹 싹 싹 싹 싹 쭉 쭉 쓱 쓱 싹

둘이 살짝

박경문 작사
김방옥 작곡

3/4
둘 이 살 짝 손 잡 고 오른 쪽 으 로 돌 아 요
둘 이 살 짝 손 잡 고 왼 쪽 으 로 돌 아 요
Fine
3
내 무 릎 치 고 네 어 깨 치 고 내 손 뼉 치 고 네 손 뼉 치 고
3
내 무 릎 치 고 네 어 깨 치 고 내 손 뼉 치 고 네 손 뼉 치 고
D.C.

9. 악곡의 구성 요소

모든 음악은 짧고 단순한 멜로디의 동요에서부터 규모가 큰 관현악곡에 이르기까지 일정한 형식에 의해서 작곡되며 이를 구성하는 요소에는 동기, 작은악절, 큰악절이 있다.

- 동기(Motive): 동기는 악곡 구성의 가장 작은 단위로 보통 2마디로 구성된다.
- 작은악절(Phrase): 두 개의 동기가 모여 작은악절을 이루며 보통 4마디로 구성된다.
- 큰악절(Period): 두 개의 작은악절이 모여 큰악절을 이루며 보통 8마디로 구성된다

음악을 구성하는 형식에는 론도 형식, 소나타 형식, 변주곡 형식, 가요 형식 등 여러 가지가 있다. 여기에서는 기초가 되는 단순 가곡 형식에 대해 알아보기로 한다. 단순 가곡 형식은 한도막 형식, 두도막 형식, 세도막 형식으로 나눈다.

1) 한도막 형식

악곡 중에서 가장 작은 형식으로 한 개의 악절(8마디)로 이루어져 있고 동요에 많이 쓰인다.

2) 두도막 형식

두 개의 큰악절, 즉 16마디로 이루어지는 것을 말하며 가곡이나 가요에서 가장 많이 쓰인다.

3) 세도막 형식

세도막 형식은 세 개의 큰악절, 특 24마디로 이루어진 것을 말하며 단순 가곡 형식에서 가장 이상적인 형태이다.

세 개의 작은악절, 즉 12마디로 이루어져 있는 악곡 형식을 작은 세도막 형식이라고 한다.

한도막 형식 예)

사과 같은 내 얼굴

김방옥 작사
외 국 곡

1. 사 과 같 은 내 얼 굴 예 쁘 기 도 하 구 나
2. 오 이 같 은 내 얼 굴 길 - 기 도 하 구 나
3. 호 박 같 은 내 얼 굴 우 습 기 도 하 구 나
눈 도 반 짝 코 도 반 짝 입 도 반 짝 반 짝
눈 도 길 쭉 귀 도 길 쭉 코 도 길 쭉 길 쭉
눈 도 둥 글 귀 도 둥 글 입 도 둥 글 둥 글

작은 세도막 형식 예)

곰 세 마리

곰 세 마 리 가 한 집 에 있 어 아 빠 곰 엄 마 곰 애 기 곰
아 빠 곰 은 뚱 뚱 해 엄 마 곰 은 날 씬 해
애 기 곰 은 너 무 귀 여 워 으 쓱 으 쓱 잘 한 다

두도막 형식 예)

우리 집

정하나 작사
박흥수 작곡

내 가 커 서 아 빠 처 럼 어 른 이 되 면
우 리 집 은 내 손 으 – 로 지 을 거 예 – 요
울 도담도쌓 지않는 그 림같은 집 울 도담도쌓 지않는 그 림같은집 언
제 라 도 우 리 집 에 놀 러 오 – 세 요

10. 음계

1) 음계의 의미

어떤 음을 기초로 하여 음을 일정한 질서에 따라 높이의 차례로 배열한 것을 음계라고 하며 그 질서의 배열에 따라 장음계와 단음계가 있다.

(1) 장음계(Major Scale)

장음계란 8개의 음을 배열할 때 3~4음 사이와 7~8음 사이가 반음이고 나머지는 온음, 즉 2개의 반음과 5개의 온음으로 구성되어 있으며 어느 음에서 시작하던지 이 배열의 순서는 변하지 않는다.

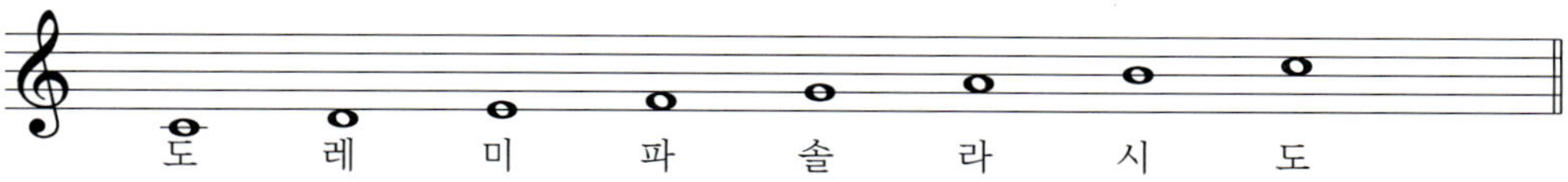

C음으로 시작하는 장음계의 경우 미파와 시도가 반음이며 다장조가 된다.

1음이 도(C)가 아닌 솔(G) 음으로 시작하는 음계를 만들어 보자.

3~4음은 반음이나 7~8음은 반음이 아니므로 7음에 올림표(#)를 붙여주어야 7~8음이 반음이 되어 온전한 장음계가 만들어진다. 이렇게 솔을 1음으로 하려면 항상 파 음을 반음 올려주어야 하므로 올림표를 조표로 기보하게 되면, 사장조 장음계가 된다.

◇ 사장조 장음계

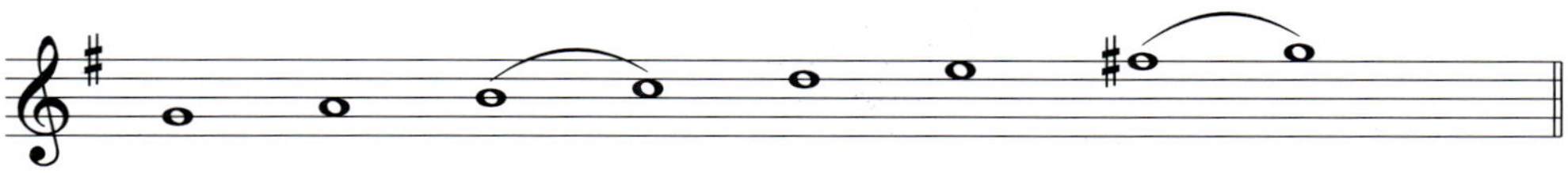

다음 라장조, 가장조, 마장조 음계에서 장음계 배열을 확인해보자.

◇ 라장조 장음계

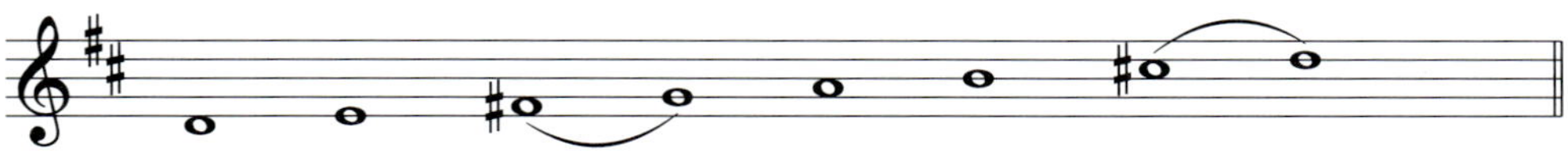

◇ 가장조 장음계

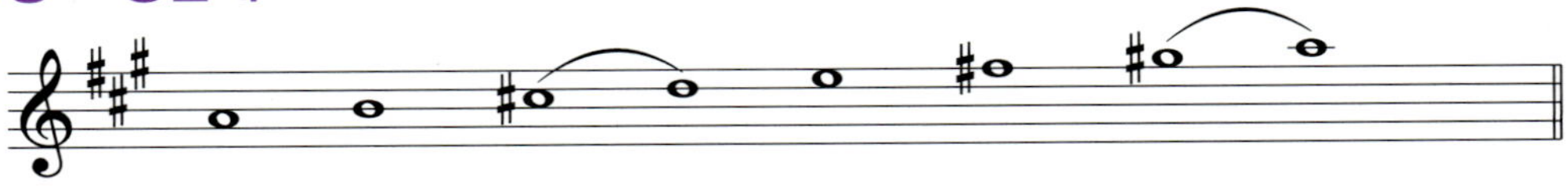

◇ 마장조 장음계

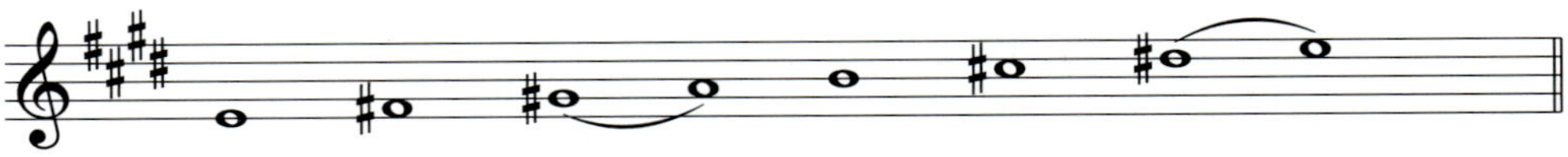

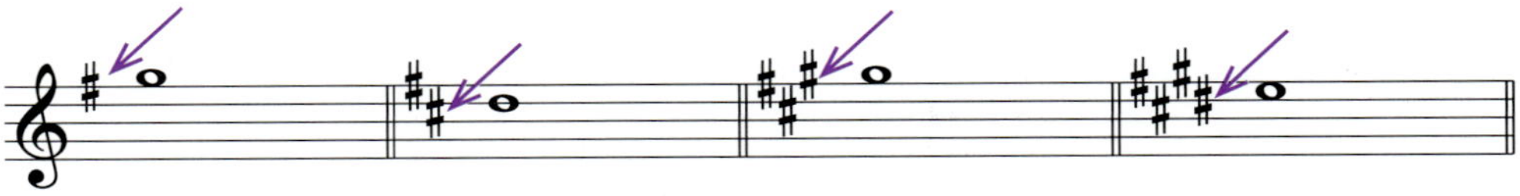

1음이 파(F) 음으로 시작하는 음계를 만들 경우 3~4음과 7~8음이 반음이 되어야 하는데 7~8음은 반음이나 3~4음이 온음이고 4~5음이 반음이므로 4음인 시에 내림표를 붙여주면 온전한 장음계가 만들어진다. 이렇게 파를 1음으로 하는 장음계는 시음을 항상 반음 내려주어야 하므로 내림표를 조표로 사용하고 바장조 음계가 된다.

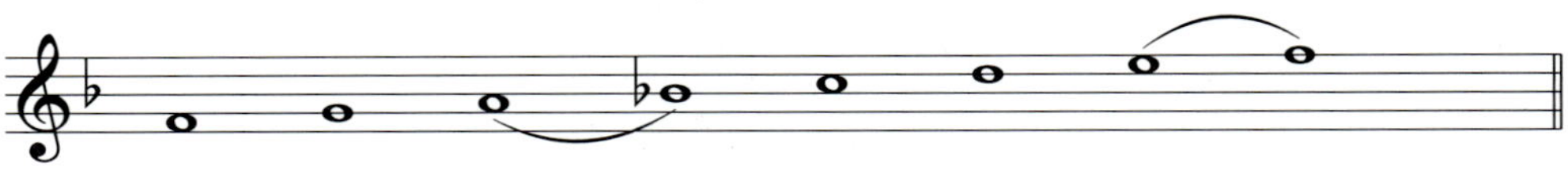

다음 내림표 장음계에서 장음계 배열을 확인해보자.

◇ 내림 나장조

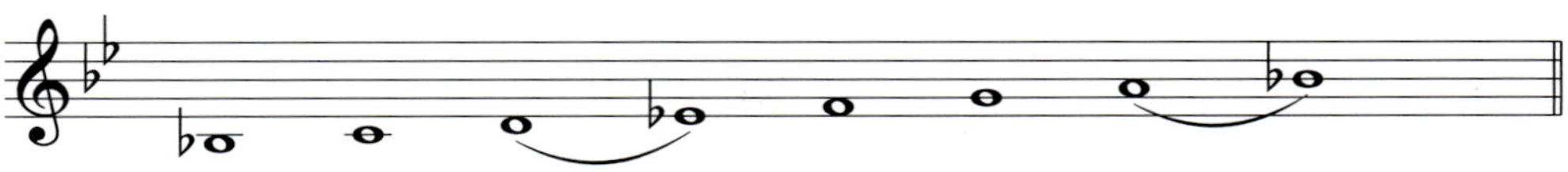

◇ 내림 마장조

◇ 내림 가장조

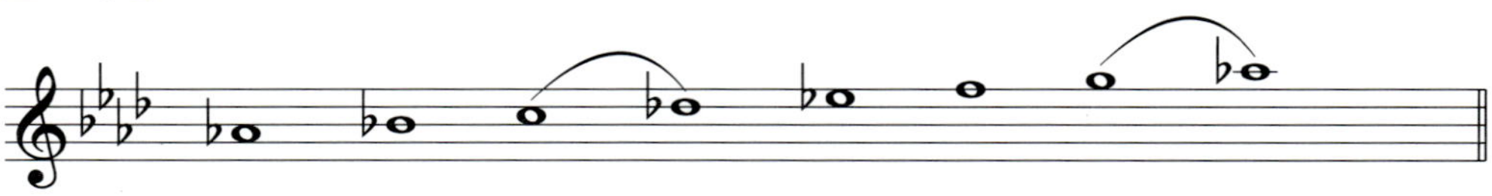

(2) 단음계

단음계는 그 배열에 따라 자연단음계, 화성 단음계, 가락 단음계로 나누어진다.

자연단음계는 음의 배열이 2~3음 사이와 5~6음 사이가 반음이고 나머지 음 사이는 온음으로 된 단음계를 말한다. 조표가 없을 때의 단음계는 라가 1음이 되는 가단조가 된다.

◇ 자연단음계

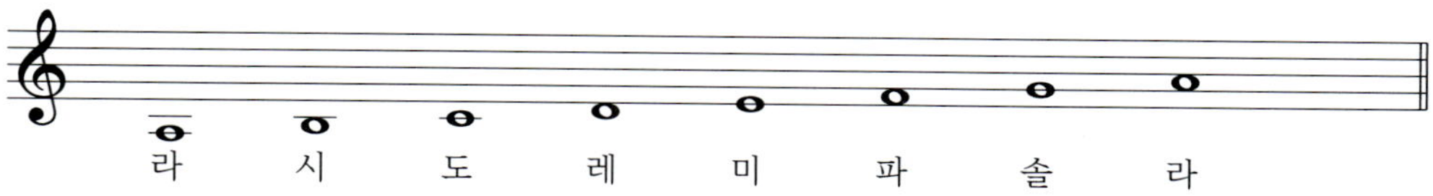

화성적 문제를 보완하기 위해 7음을 반음 높여서 화성스럽게 만든 단음계를 화성 단음계라고 한다.

◇ 화성단음계

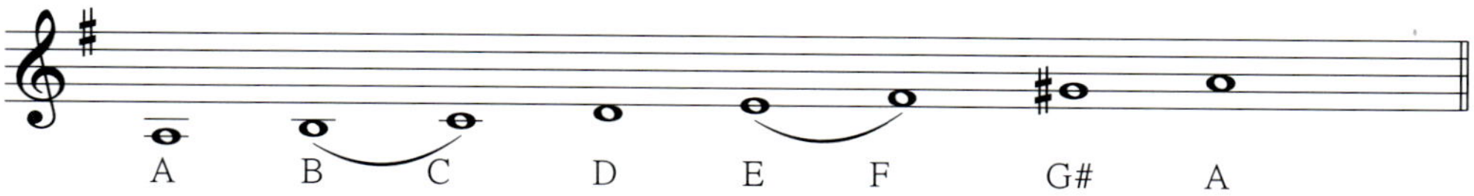

11. 조 옮김

어떤 악곡을 연주하거나 노래를 부르는 데 있어서 연주자의 음역에 알맞도록 그 곡의 각 음정 관계를 전체적으로 내리거나 올리는 것을 조옮김이라고 한다. 예를 들어 다장조의 곡을 장 2도 올려서 라장조로 옮기거나 이때 상대적인 음정 관계는 바꾸지 않아야 한다.

하나의 악곡 내에서 음악의 흐름에 따라 다른 조로 바뀌는 것은 조바꿈(전조)이라고 한다.

다음 순서대로 조옮김 해보자.

- 먼저 노래의 원 악보의 계이름을 적는다.
- 바꾸려는 새 조의 조표를 그리고 계이름에 따라 악보를 그려 넣는다.
- 원 악보에 임시표가 있는 경우 새 조에서 정확하게 음정 관계가 유지되었는지 살피며 알맞은 임시표를 붙여야 한다.

예) '작은 별'을 5도 올려 사장조로 조옮김 할 경우

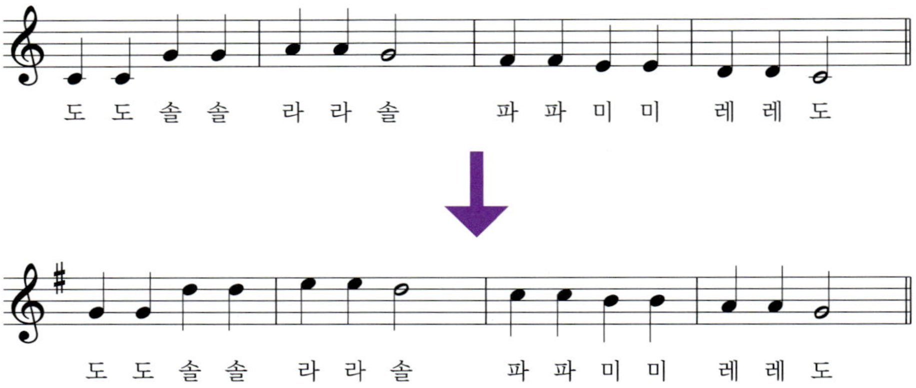

*원음보다 음역이 완전5도 높아졌다.

다음 곡을 바장조로 조옮김 해보세요.

안녕

김성균 작사
김성균 작곡

안 녕 안 녕 선 생 님 안 녕 안 녕 친 구 들
1. 오 늘 다 시 만 나 반 갑 습 니 다 안 녕 안 녕 안 녕
2. 내 일 다 시 만 나 재 밌 게 놀 자 안 녕 안 녕 안 녕

II. 피아노 연주의 기초

유아교사를 위한 동요반주법

1. 피아노 연주의 자세

피아노로 반주할 때 바른 자세는 연주자의 감정과 피아노 소리 등에 영향을 미치게 된다. 또한 잘못된 자세로 반주를 하면 몸에 불필요한 긴장을 하게 되어 몸의 불편함을 가져오고 쉽게 지치게 된다. 처음 반주법을 배우기 시작할 때 바른 자세로 연주하는 습관을 들이는 것이 중요하다. 피아노를 바르게 연주하기 위해서는

- 피아노 앞에 허리를 펴고 의자의 중앙에 바르게 앉는다.
- 건반과 몸의 간격은 모든 손이 건반에 닿을 수 있어야 하고, 팔이 자유롭게 움직일 수 있는 정도가 적당하다.
- 의자의 높이는 몸이 편안함을 느낄 수 있도록 하고 건반의 바닥과 팔꿈치가 일직선이 되도록 한다.
- 손가락은 자연스럽게 구부려서 손목과 손등이 일직선이 되도록 한다.
- 손은 동그랗게 만들어 건반에 손가락 끝이 닿도록 놓으며 손끝에 힘이 모이게 한다.
- 손끝은 흰건반 중간 부분, 혹은 검은 건반이 시작되는 지점에서 살짝 못 미치는 위치가 적당하다.
- 발은 페달 앞에 자연스럽게 놓아 편안하게 페달을 밟을 수 있도록 한다.

잘못된 손 모양 | 바른 손 모양

2. 오른손으로 연주하기

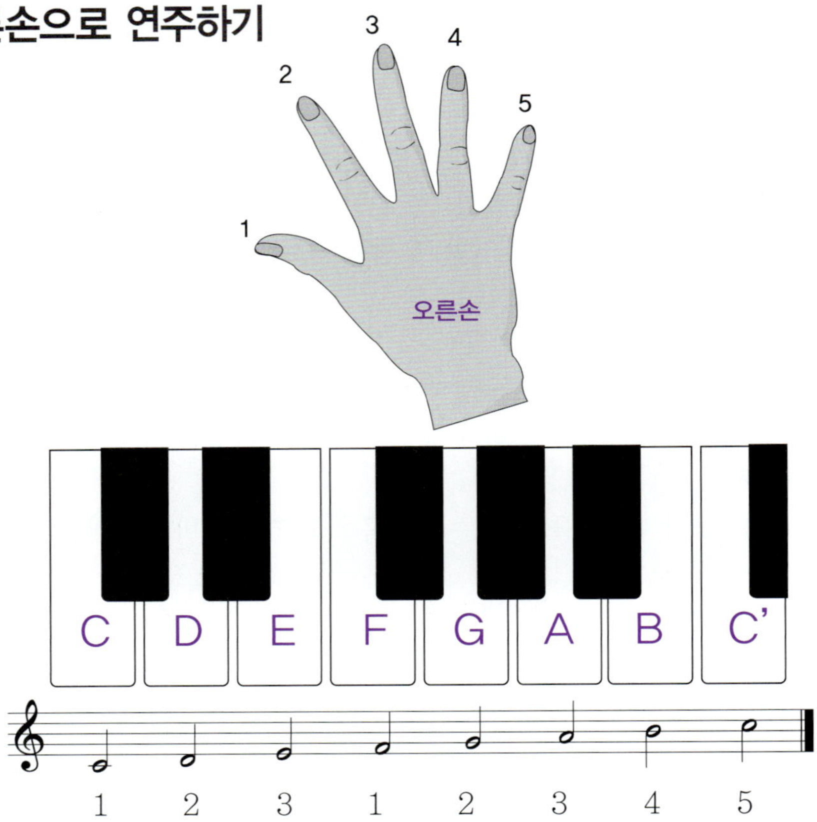

다음 악보를 오른손으로 반복해서 연습해 보세요.

바이엘 기초 오른손 연습

출처: 바이엘피아노 교본

다음 동요를 오른손으로 연주해 보세요.

작은 별

윤석중 작사
모차르트 작곡

반 짝 반 짝 작 은 별 아 름 답 게
비 치 네 동 쪽 하 늘 에 서 도
서 쪽 하 늘 에 서 도 반 짝 반 짝
작 은 별 아 름 답 게 비 치 네

3. 왼손으로 연주하기

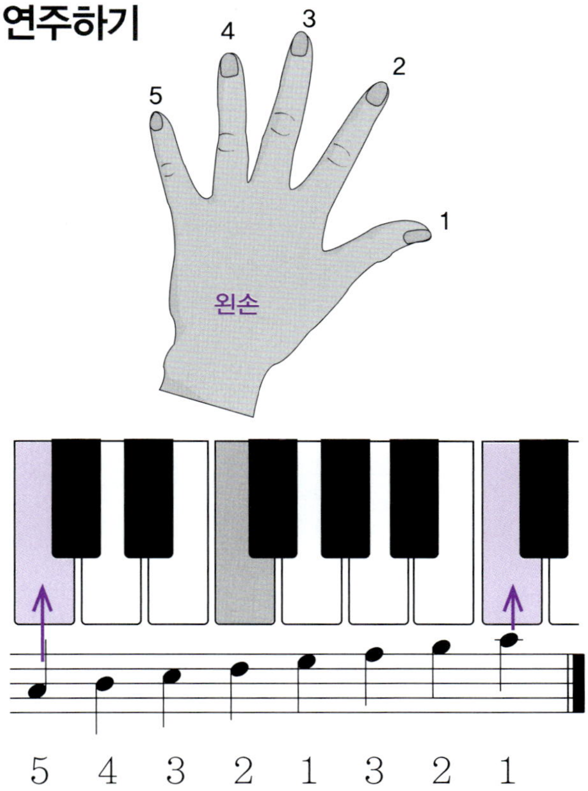

다음 악보를 보고 왼손으로 반복해서 연습해 보세요.

바이엘 기초 왼손 연습

출처: 바이엘피아노 교본

4. 양손 연습하기

양손 연습하기

다음 악보를 보고 반복해서 연습해 보세요

바이엘 기초 양손 연습

1

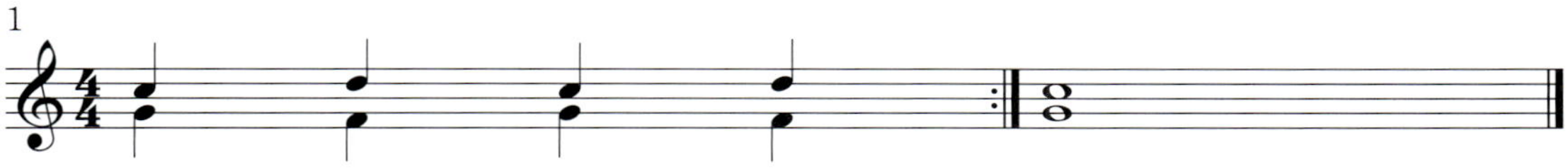

2

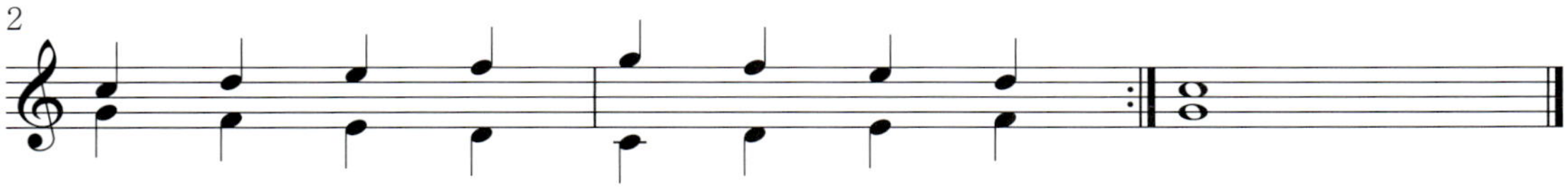

3

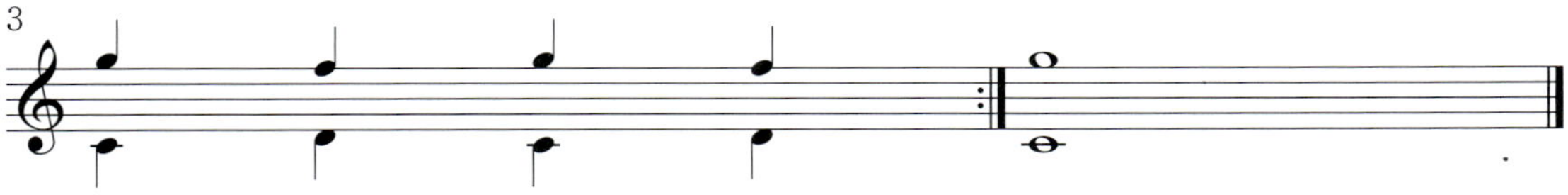

5

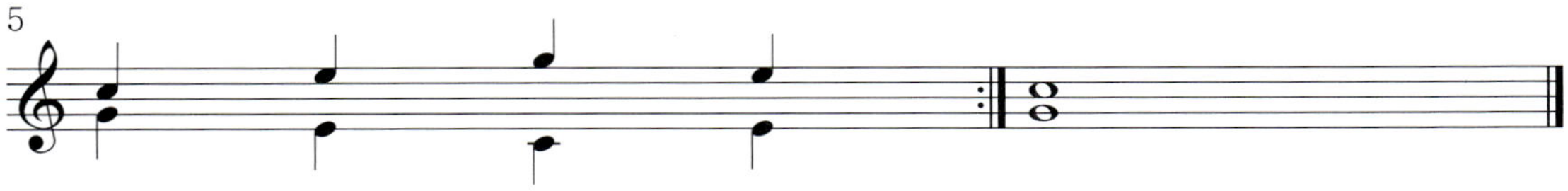

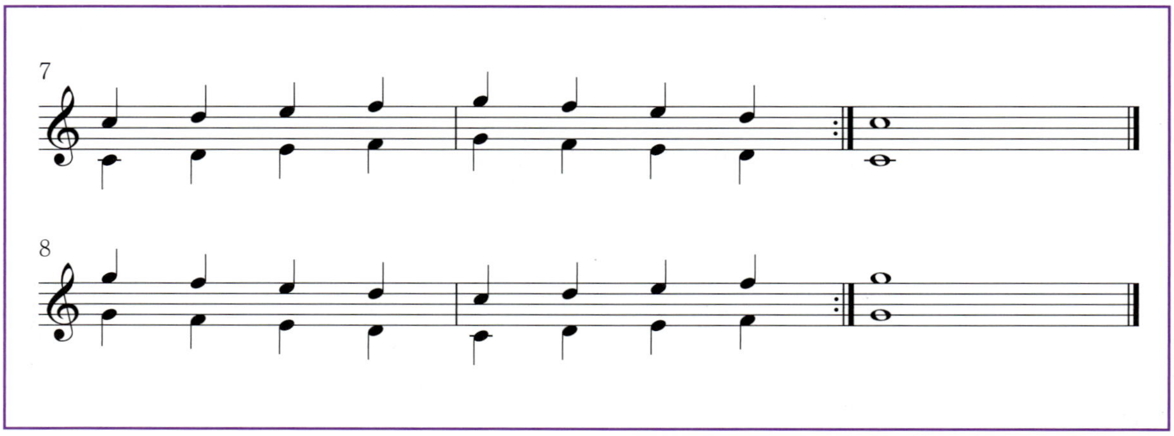
7
8

양손으로 연주해 보세요

나비야

작자 미상
독일민요

나 비 야 나 비 야 이 리 날 아 오 너 라
노 랑 나 비 흰 나 비 춤 을 추 며 오 너 라
봄 바 람 에 꽃 잎 도 방 긋 방 긋 웃 으 며
참 새 도 짹 짹 짹 노 래 하 며 춤 춘 다

III.
기본 코드의 이해

유아교사를 위한 동요반주법

1. 주요 3화음

화음이란 높이가 다른 2개 이상의 음이 동시에 올린 것을 말한다. 음악에서 3화음은 어떤 음을 기준으로 하여 제3음과 제5음을 쌓아서 3개의 음으로 구성된 것으로 다음과 같은 종류가 있다.

- 장3화음(major triad) : 근음 + 장3도 + 완전 5도
- 단3화음(minor triad) : 근음 + 단3도 + 완전 5도
- 증3화음(augmented triad) : 근음 + 장3도 + 증5도
- 감3화음(diminished triad) : 근음 + 단3도 + 감5도

주요 3화음은 장3화음으로 이루어져 있으며 Ⅰ도 화음(tonic triad), Ⅳ도 화음(Sobdominant Triad), Ⅴ도 화음(Dominant Triad)을 말한다. 이것은 으뜸화음, 버금딸림화음, 딸림화음이라고도 부른다. 다장조 음계에서 으뜸화음(Ⅰ도 화음)은 도-미-솔, 버금딸림화음(Ⅳ도 화음)은 파-라-도, 딸림화음(Ⅴ도 화음)은 솔-시-레에 해당한다.

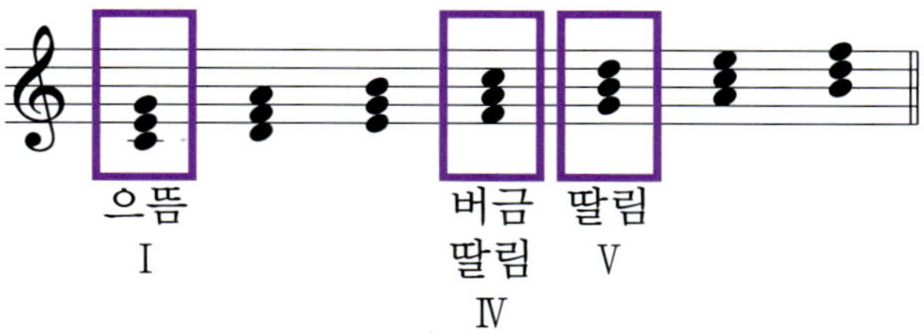

2. 코드

코드란 화음을 알파벳으로 표시한 것으로 화음의 가장 밑음을 대문자로 표시하는 것이 코드 이름이다. 코드를 알고 활용하면 동요나 노래를 반주할 때 왼손 악보로 별도로 기보하지 않더라도 코드를 사용하면 멜로디와 조화로운 화음으로 보다 쉽게 반주할 수 있다.

1) 장조 코드(Major Chord)

일반적으로 사용하는 장조 코드는 장3화음 코드로 근음과 3음은 장3도, 5음은 완전5도(3음과 5음은 단3도 차이)로 쌓이게 된다. 건반에서 살펴보면 근음과 3음 사이의 반음 개수 4개, 3음과 5음 사이의 반음 개수가 3개로 구성된 코드이다.

다장조의 코드를 만들어 보면 다음과 같다.

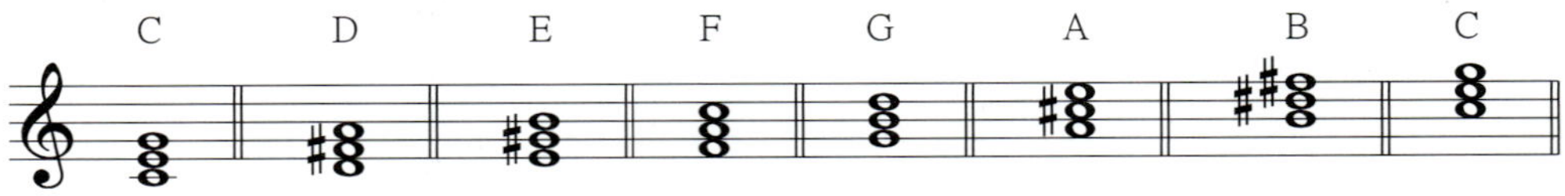

이 중에서 주로 사용하는 코드는 주요 3화음에 해당하는 C코드, F코드, G코드와 G7코드이다.

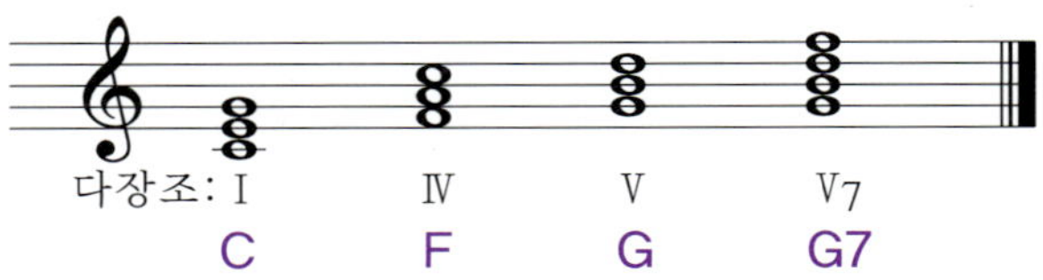

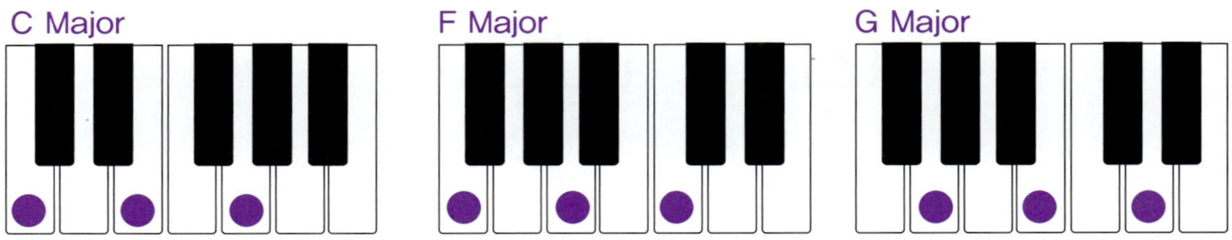

2) 단조 코드(Minor Chord)

단조 코드는 단3화음에 해당하는 코드로 으뜸음과 3음은 단3도, 3음과 5음은 장3도 차이로 쌓이게 된다. 건반에서 살펴보면 단조 코드는 근음에서 반음이 3개, 3음과 5음 사이는 반음이 4개이다. 즉 장조 코드에서 3음에서 음을 반음 내려 연주하면 마이너 코드가 된다.

단조 코드는 코드 근음(대문자) 옆에 소문자로 m을 붙여 코드 이름을 만든다.

즉 C 마이너 코드인 경우 Cm으로 표기한다.

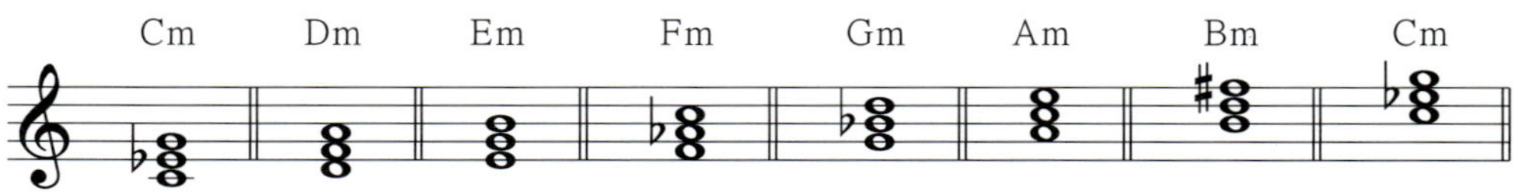

Cm

Dm

Em

Fm

Gm

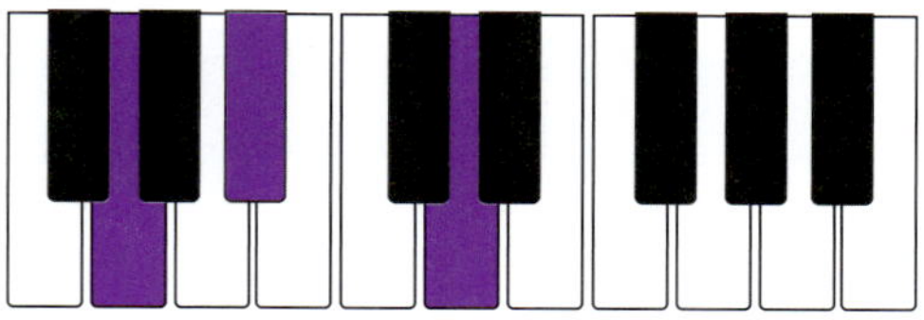

Am

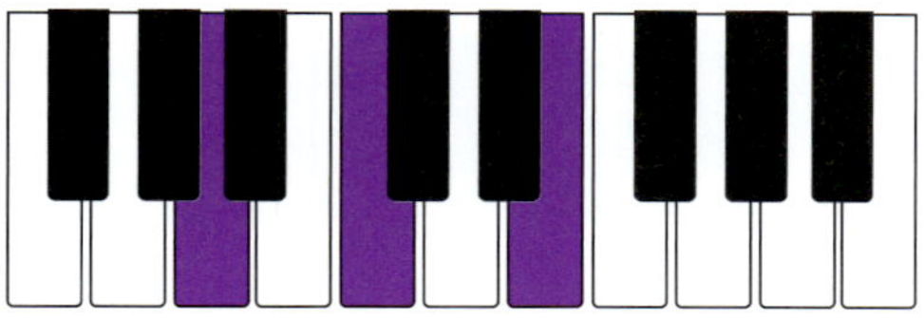

Bm

3) 세븐코드(Seven Chord)

보통 3화음 코드를 사용하지만 세븐코드를 사용하기도 한다. 세븐코드는 근음에서 7번째 음을 하나 더 포함하여 네 개의 음으로 만든 4화음을 만드는 것이다. 세븐코드에는 메이저 세븐코드, 마이너 세븐코드, 도미넌트 세븐코드 등 세 가지 종류가 있다.

① 메이저 세븐코드

메이저 세븐코드(Major 7 Chord)는 3화음의 5음 위에 장3도 음정을 더해 4화음 코드를 만들어 소리를 풍성하게 만드는 것이다. 즉 근음에서 한 옥타브 올라간 음에서 반음 내려온 음을 포함하면 메이저 세븐코드가 된다. 이때 표기는 코드 이름 뒤에 M7으로 표기한다.

② 마이너 세븐코드

마이너 세븐코드는 단조 3화음 코드에 단 7도를 덧붙인 것이다. 근음에서 한 옥타브 위로 올라간 음에서 한음 아래 있는 음(단7도)을 더하여 4화음으로 연주하면 마이너 세븐코드가 된다. 마이너 세븐코드는 m7으로 표시하여 Dm7, Am7 등으로 표기한다.

Cm7

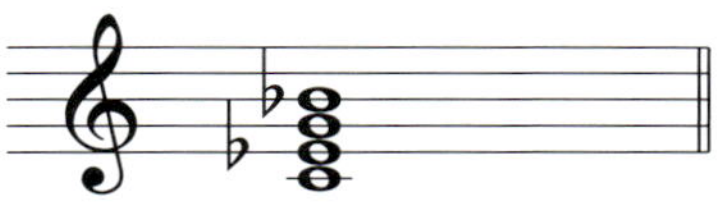

③ 도미넌트 세븐코드(Dominant 7th chord)

도미넌트 세븐코드는 근음에서 한 옥타브 위 음에서 한음 아래의 음(메이저 세븐코드(Major 7th chord)의 7음에서 반음 아래 음)을 더하는 것이다. 도미넌트 세븐코드(Dominant 7th chord)는 코드 이름에 7이라고 표기하여 C7, G7 등으로 표기한다.

G7

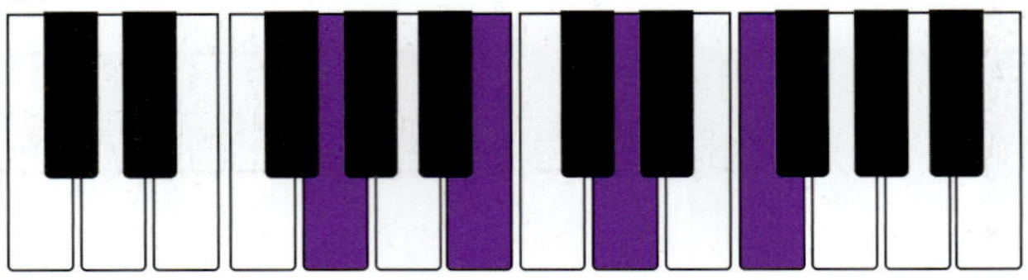

C7

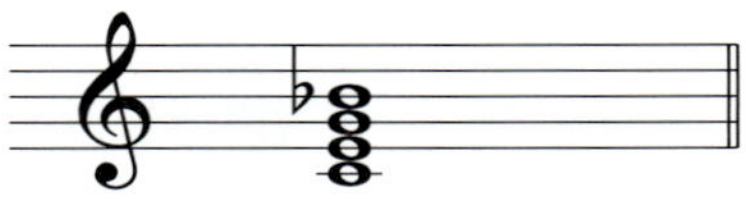

M7코드는 주화음 Ⅰ, Ⅳ도 화음의 코드이고, m7코드는 부화음 Ⅱ, Ⅲ, Ⅵ도 화음의 코드이다. 7코드는 주화음 중에서도 Ⅴ도 화음의 코드 도미넌트 코드이다.

4) 디미니쉬 코드(Diminish Chord)

디미니쉬 코드는 근음 + 단3도 + 감5도로 이루어진 감3화음 코드이다. 마이너(minor chord)에서 제5음도 반음을 내려주는 것이다. 즉 C마이너코드(c minor chord)의 3화음 도, 미♭, 솔인데 여기에서 솔을 솔♭으로 내려주면 C디미니쉬 코드가 된다. B음을 근음으로 하여 코드를 만들면 시, 레, 파가 되는데 시와 레는 장3도이어야 하는데 시, 도가 반음으로 단3도, 레, 파, 역시 단3도가 된다. 이러한 코드를 디미니쉬코드이며 dim을 붙여 Bdim으로 표기한다.

C, D, E, F, G, A, B음을 근음으로 하여 그대로 3화음을 만들면 아래와 같이 C, F, G는 장조 코드이나 D, F, G는 단조 코드이다. 그리고 B는 디미니쉬코드가 된다.

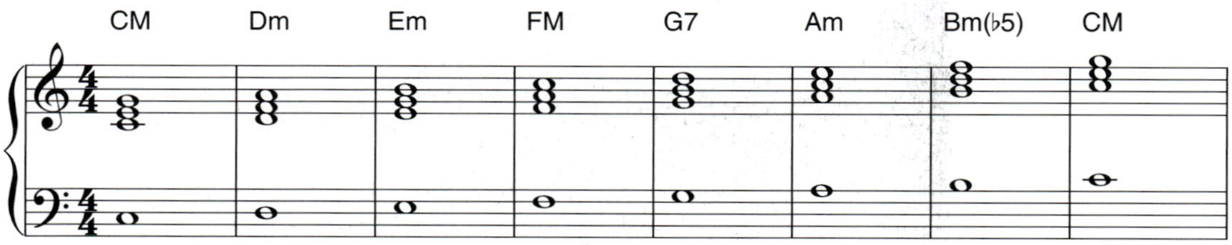

다음은 어떤 코드를 연주한 것인가? 코드 이름을 적어보자.

① (　　　)

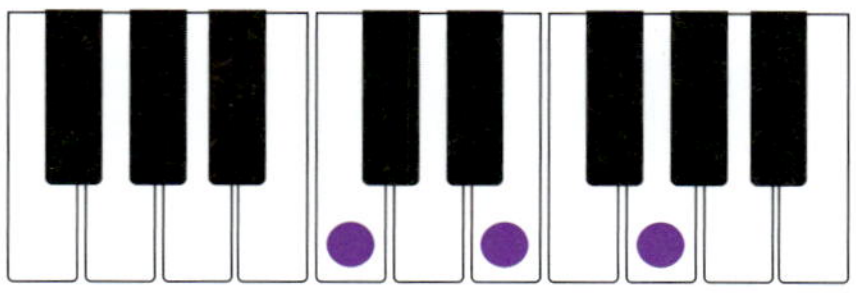

② (　　　)

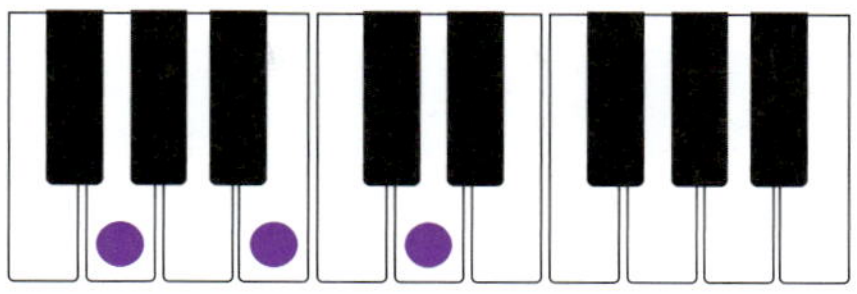

③ (　　　)

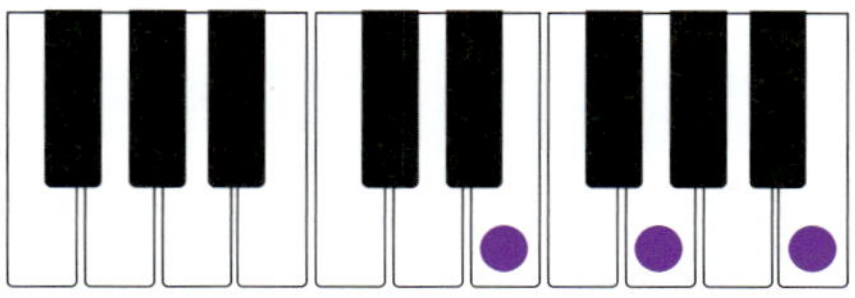

④ (　　　)

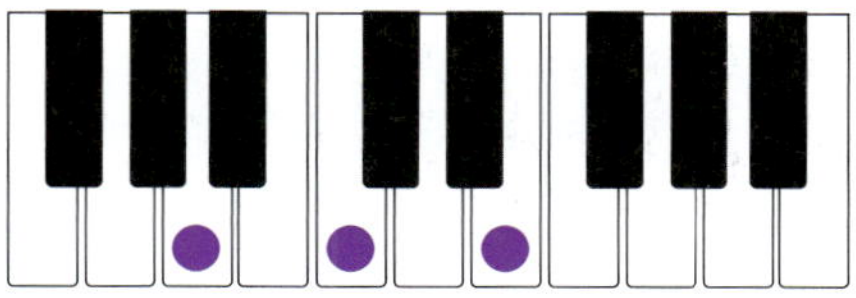

⑤ (　　　)

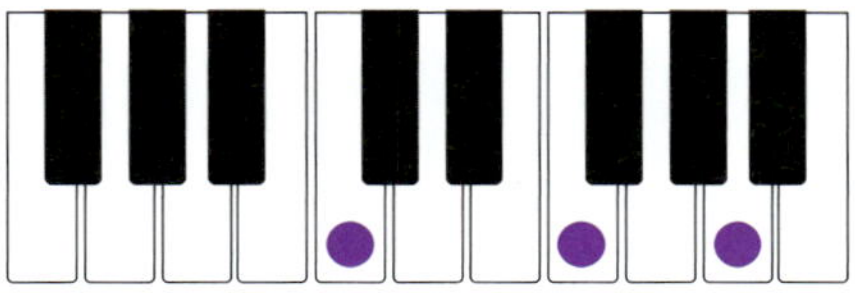

⑥ (　　　)

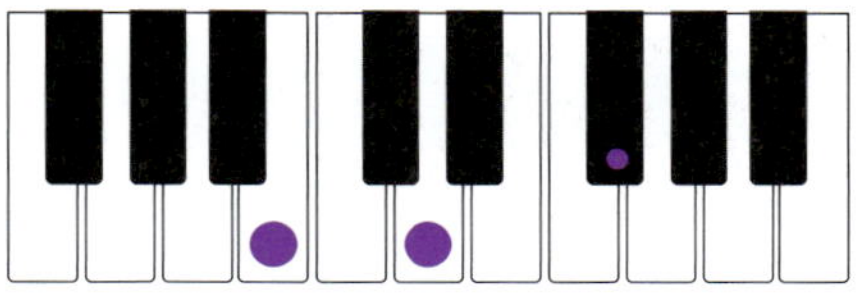

⑦ (　　　)

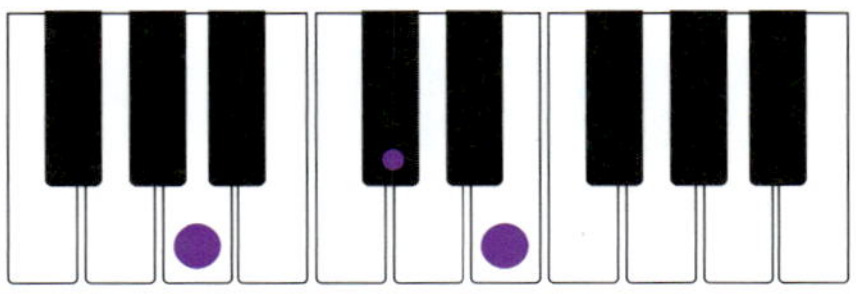

⑧ (　　　)

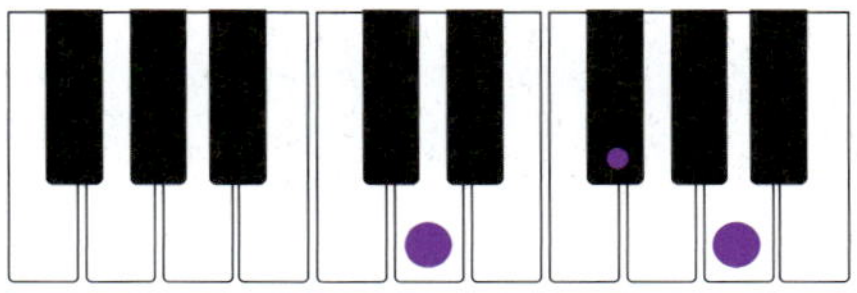

⑨ (　　　)

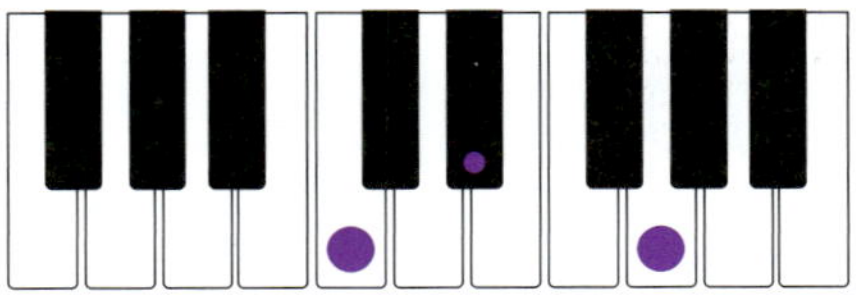

⑩ (　　　)

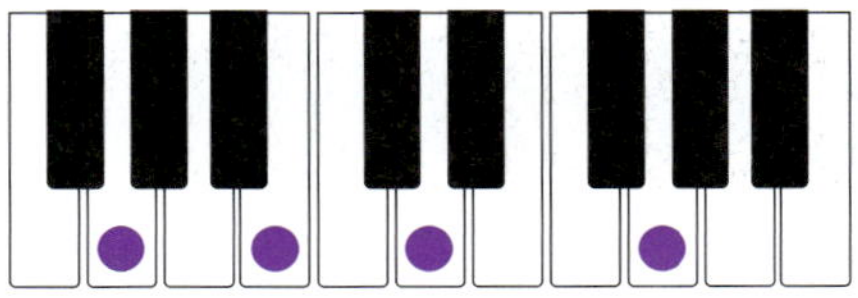

IV.
코드로 하는 동요반주의 실제

유아교사를 위한 동요반주법

1. 단계별로 동요반주 연습법

1) 1단계 : 코드의 기본음으로 연주하기

왼손으로 코드의 기본음으로 반주한다.

다음 C코드, G코드 F코드 D코드이면 각 코드의 근 음인 도, 솔, 파, 레 음을 왼손으로 연주하고 오른손으로는 멜로디를 연주한다.

다음 동요를 코드 기본음으로 반주해보세요.

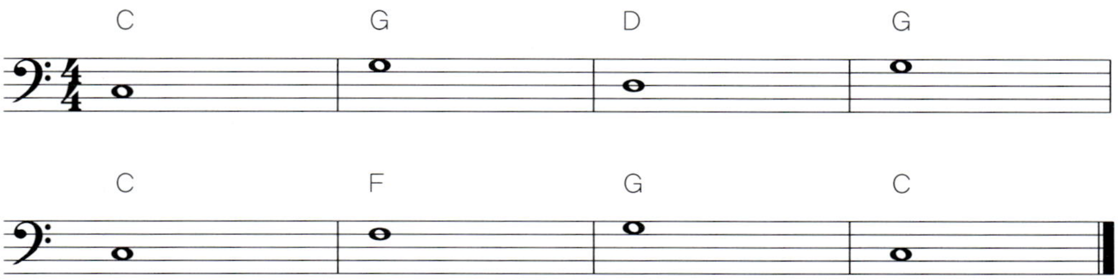
C G D G
C F G C

다음 동요를 코드기본음으로 반주해보세요.

사과 같은 내 얼굴

김방옥 작사
외 국 곡

C G D C
1. 사 과 같 은 내 얼 굴 예 쁘 기 도 하 구 나
2. 오 이 같 은 내 얼 굴 길 - 기 도 하 구 나
3. 호 박 같 은 내 얼 굴 우 습 기 도 하 구 나
C C G C
눈 도 반 짝 코 도 반 짝 입 도 반 짝 반 짝
눈 도 길 쭉 귀 도 길 쭉 코 도 길 쭉 길 쭉
눈 도 둥 글 귀 도 둥 글 입 도 둥 글 둥 글

곰 세 마리

작곡 미상
작사 미상

C E E C
곰 세 마 리 가 한 집 에 있 어 아 빠 곰 엄 마 곰 애 기 곰
C G C G
아 빠 곰 은 뚱 뚱 해 엄 마 곰 은 날 씬 해
C G C C

학교 종

C F C C G
1. 학 교 종 이 땡 땡 땡 어 서 모 이 자
2. 학 교 종 이 땡 땡 땡 어 서 모 이 자
C F C C G C
선 생 님 이 우 리 를 기 다 리 신 다
사 이 좋 게 오 늘 도 공 부 잘 하 자

작은 별

윤석중 작사
모차르트 작곡

C F C F C
반 짝 반 짝 작 은 별 아 름 답 게
G C G F C G
비 치 네 동 쪽 하 늘 에 서 도
G F C G C G
서 쪽 하 늘 에 서 도 반 짝 반 짝
F C F C D C
작 은 별 아 름 답 게 비 치 네

2) 2단계 : 코드 화음으로 반주하기

1단계가 잘 되면 이번에는 코드의 3화음으로 반주해 본다.

우선 C코드(도, 미, 솔), F코드(파, 라, 도), G 코드(솔, 시, 레) 의 코드를 이용하여 동요를 반주해 보자.

C

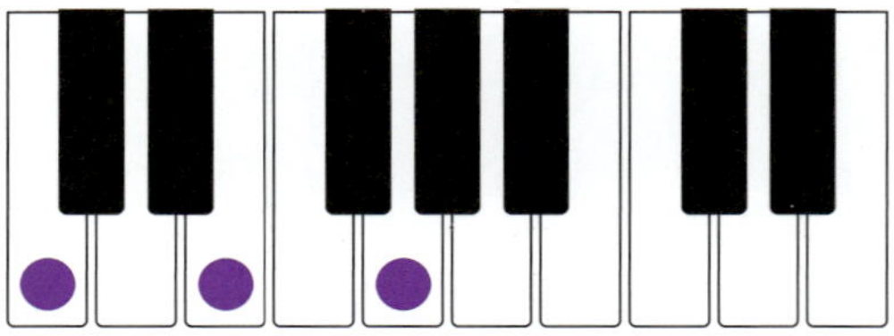

F

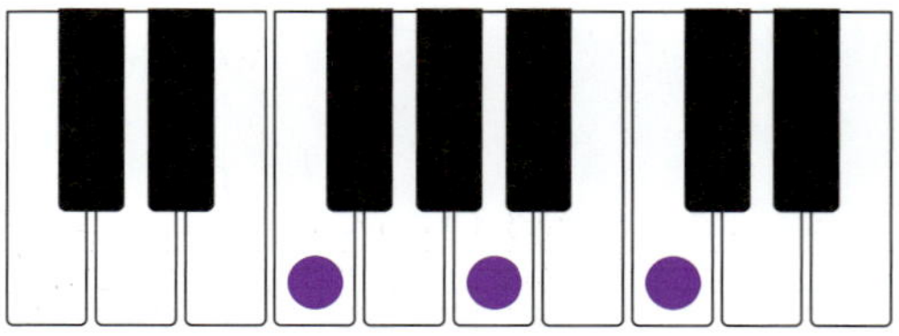

G

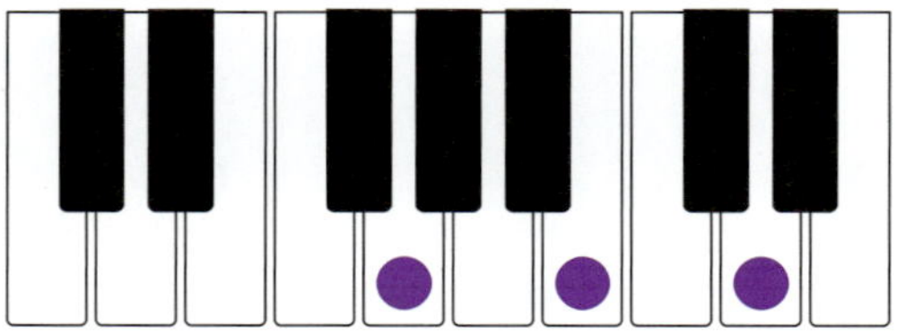

① 곰 세 마리, 학교 종, 사과 같은 내 얼굴, 작은 별을 코드 화음으로 반주해보세요.

② 다음 동요를 코드 화음으로 반주해 보세요.

요기 여기

김정순 작사
김숙경 작곡

C F C G
1. 눈 은 어 디 있 나 요 기 코 는 어 디 있 나 요 기
2. 엄마 눈은 어 디 있 나 여 기 엄마 코는 어 디 있 나 여 기
C F G C
귀 는 어 디 있 나 요 기 입 은 어 디 있 을 까 요 기
엄마 귀는 어 디 있 나 여 기 입 은 어 디 있 을 까 여 기

자전거

목일신 작사
김대현 작곡

C F
1. 따 르 릉 따 르 릉 비 켜 나 셔 요
2. 따 르 릉 따 르 릉 이 자 전 거 는
C Dm C
자 전 거 가 나 갑 니 다 따 르 르 르 릉
울 아 버 지 장 에 갔 다 돌 아 오 실 때
C F G
저 기 가 는 저 사 람 조 심 하 셔 요
꼬 부 랑 - 꼬 부 랑 고 개 를 넘 어
F C G C
어 물 어 물 하 다 가 는 큰 일 납 니 다
비 탈 길 로 스 르 르 르 타 고 온 다 오

눈

미 상 작사
박재훈 작곡

C G C G C
1. 펄 - 펄 눈이옵니다 바 람타 고 눈이옵니다
2. 펄 - 펄 눈이옵니다 하 늘에 서 눈이옵니다
F C F C
하 늘나 라 선녀님들이 송 이송 이 하 얀솜을
하 늘나 라 선녀님들이 하 얀가 루 떡 가루를
C G C G7 C
자 꾸자 꾸 뿌려줍니다 자 꾸자 꾸 뿌려줍니다
자 꾸자 꾸 뿌려줍니다 자 꾸자 꾸 뿌려줍니다

3) 3단계 : 코드 화음을 자리바꿈하여 반주하기

자리바꿈은 코드 음의 상하 관계를 바꾸는 것으로 화성의 진행을 편리하게 연주하기 위한 것이다. 예를 들어 C 코드 도미솔 음을, 미-솔-도, 솔-도-미 등으로 자리바꿈하여 안정적으로 반주한다.

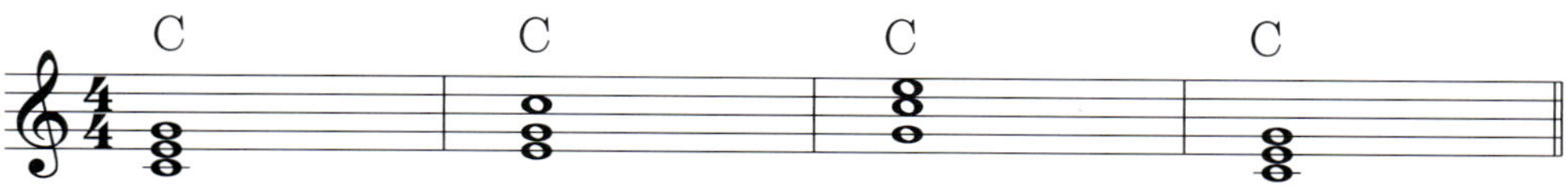

자리바꿈은 C코드 다음에 바로 G코드를 연주해야 할 때 도미솔 화음을 치고 시-레-솔로 자리바꿈하여 연주하면 왼손을 많이 움직이지 않고도 더 쉽게 자연스럽게 연주할 수 있다.

C	• 도미솔 / 미솔도 / 솔도미
G	• 솔시레 / 시레솔 / 레솔시
F	• 파라도 / 라도파 / 도파라

코드진행에서 옆 코드와 공통음이 있다면 그대로 두고 자리바꿈을 하고, 공통 음이 없다면 옆 코드의 음과 가장 가깝게 음을 두어야 한다.

C코드를 자리바꿈해보세요.

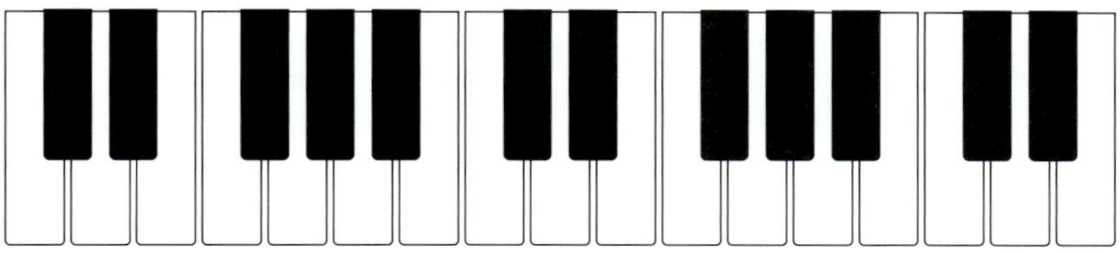

G코드를 자리바꿈 해보세요.

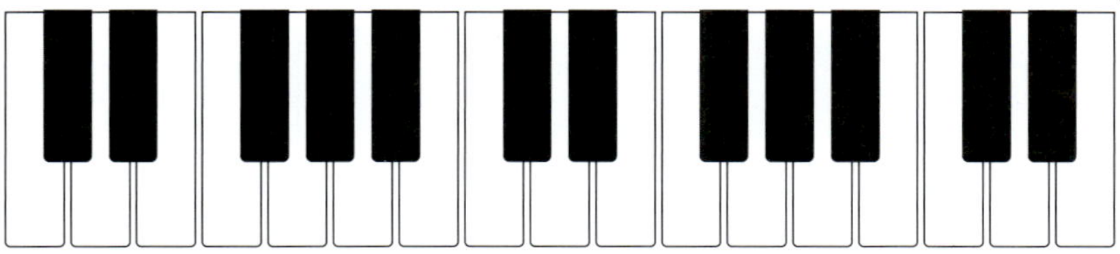

F 코드를 자리바꿈 해보세요.

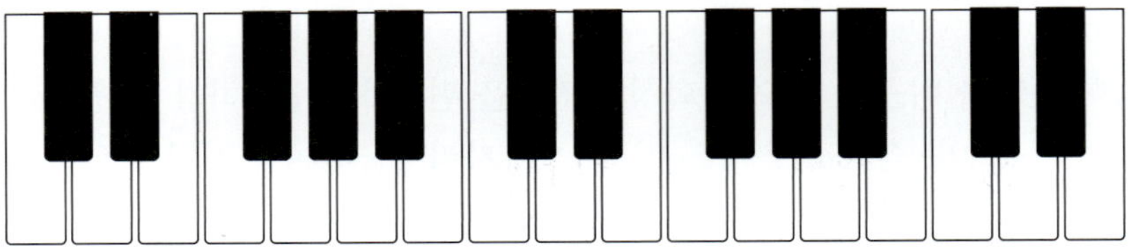

다음 코드를 자리바꿈하여 연주해보세요

C F C G

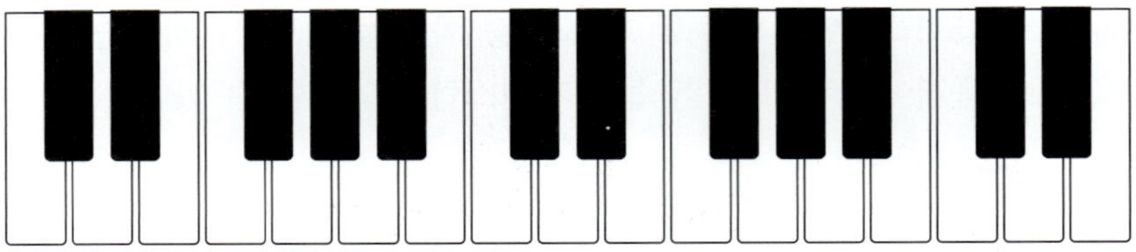

G C G D

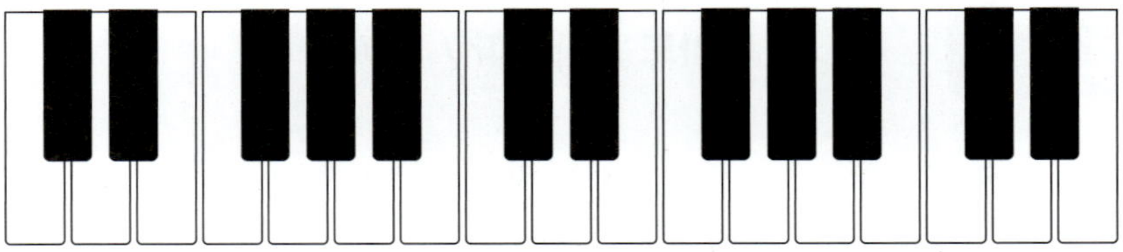

① '자전거'와 '눈'을 자리바꿈하여 다시 연주해보세요.
② 다음 동요를 자리바꿈하여 연주해보세요.

엄마 아빠

박경종 작사
김성태 작곡

C F C F
1. 우 리 엄 마 이 름 은 여 보 이 구 요
2. 여 보 당 신 부 르 기 아 주 쉽 지 요
C F C G C
우 리 아 빠 이 름 은 당 신 이 래 요
여 보 당 신 듣 기 도 재 미 나 지 요
G C F
그 래 도 우 리 들 은 부 르 지 못 해
C F C G C
엄 마 아 빠 둘 이 서 만 부 른 답 니 다

고향의 봄

이원수 작사
홍난파 작곡

C F C G
1. 나 의 살 - 던 고 향 은 꽃 피 는 산 - 골
2. 꽃 - 동 - 네 새 동 네 나 의 옛 고 - 향
C G C F C
복 숭 아 꽃 살 구 - 꽃 - 아 기 진 달 - 래
파 - 란 들 남 쪽 - 에 서 바 람 이 불 - 면
G C G C F C G
울 긋 불 긋 꽃 - 대 궐 차 린 - 동 - 네
냇 - 가 에 수 양 버 들 춤 추 는 동 - 네
C G C F C
그 속 에 서 놀 던 - 때 가 그 립 습 니 - 다
그 속 에 서 놀 던 - 때 가 그 립 습 니 - 다

4) 4단계 : 화음을 여러 가지 반주형으로 반주하기

반주 형태를 곡의 분위기에 맞는 반주형은 선택하여 연주한다. 이때 한 곡에서 반주형을 자주 바꾸면 산만하게 들려 좋지 않으므로 한 곡에서 한두 가지 반주형태로 반주한다.

4박자 반주형태

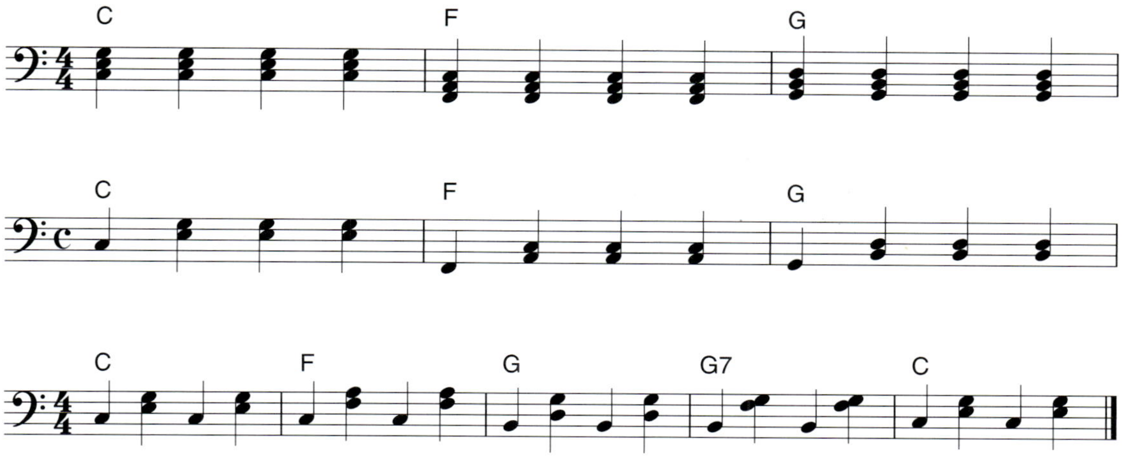

분산화음 반주형

3박자 반주 형태

분산화음 반주형

다음 반주형태로 연주해 보세요.

1.

C
F
G

씨앗

김성균 작사
김성균 작곡

C
F
씨 씨 씨 를 뿌 리 고 꼭 꼭 물 을 주 었 죠
C
F
3
3
G
3
3
하 룻 밤 이 틀 밤 쉿 쉿 쉿 뽀 드 득 뽀 드 득
3
G
C
뽀 드 득 싹 이 났 어 요

다음 반주형태로 연주해 보세요.

2.

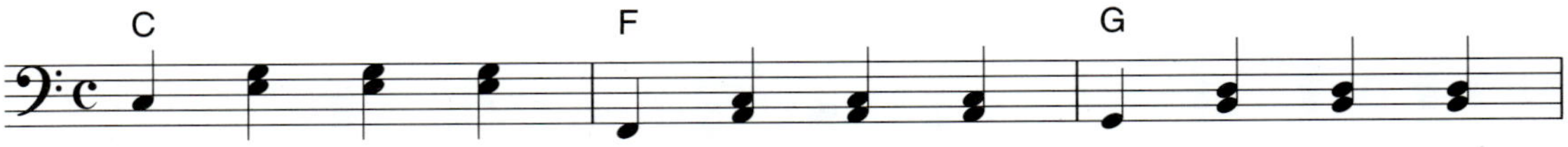
C
F
G

그냥 두고 나갔더니

김성균 작사
김성균 작곡

C
G
Dm
C
장 난 감 을 갖 고 놀 다 가 그 냥 두 고 밖 에 나 갔 죠
그 림 책 을 꺼 내 보 다 가 그 냥 두 고 밖 에 나 갔 죠

C
F
C
한 참 놀 다 들 어 와 보 니 장 난 감 이 울 며 하 는 말
한 참 놀 다 들 어 와 보 니 그 림 책 이 울 며 하 는 말

1. 나를 바닥에 그냥 두고 나갔기 때문에 지나가는 사람이 나를 뻥 찼단 말이야
2. 나를 바닥에 그냥 두고 나갔기 때문에 지나가는 사람이 나를 꽉 밟았단 말이야

C
F
G
C
또 그 러 면 안 돼 또 그 러 면 안 돼 또 그 러 면 난 싫 어
또 그 러 면 안 돼 또 그 러 면 안 돼 또 그 러 면 난 싫 어

다음 반주형태로 연주해 보세요.

3.

C
F
G

참 재미있었지

김성균 작사
김성균 작곡

C G C
나 는 나 는 산 으 로 갔 었 지 산 – 에 서 무 얼 보 았 니
나 는 나 는 바 다 로 갔 었 지 바 다 에 서 무 얼 보 았 니
C G Dm G C
졸 졸 졸 졸 흐 르 는 시 – 냇 물 맴 맴 맴 맴 맴 매 – 미
조 그 맣 고 하 얀 – 조 개 껍 질 깍 깍 깍 깍 깍 갈 매 기
C F C G
랄 랄 라 랄 랄 라 참 좋 았 겠 구 나
C F C G C
랄 랄 라 랄 랄 라 참 재 미 있 었 지

앞에서 3단계와 4단계에서 연습한 것을 같이 적용하여 동요를 반주해 보세요.

통통통

김성균 작사
김성균 작곡

C F Dm C
1. 통 - 통 통 - 높 이 뛰 다 가 살 살 동 그 랗 게 뛰 다 가
2. 하 나 둘 씩 씩 하 게 걷 다 가 깡 충 깡 충 깡 충 뛰 다 가
C F C
흔 들 흔 들 흔 들 흔 들 춤 추 - 다 가 점 점 점 점 아 래 로
빙 글 빙 글 빙 글 빙 글 돌 아 가 다 가 물 속 으 로 풍 - 덩
F C G C
엉 금 엉 금 기 어 가 다 가 살 금 살 금 살 - 금
땅 을 보 고 통 - 통 - 통 하 늘 보 고 통 통 통
F C G C
떼 굴 데 굴 떼 굴 데 굴 굴 러 가 다 가 일어 섯
첨 벙 첨 벙 첨 벙 첨 벙 헤 엄 치 다 가 일어 섯

하얀 나라

김성균 작사
김성균 작곡

C G C
나 는 눈 이 좋 아 서 꿈 에 눈 이 오 나 봐
C F C G7 C
온 세 상 이 모 두 하 얀 나 라 였 지 어 젯 밤 꿈 속 에
Fine
G C G7 C G
썰 매 를 탔 죠 눈 싸 움 했 죠 커 다 란 눈 사 람 도 만 들 었 죠
D.C.

솜사탕

정근 작사
이수인 작곡

C G
나뭇가지에 실처럼 날아든솜사탕
C G C
하얀눈처럼 희고도 깨끗한솜사탕
F C Dm G
엄마손잡고 나들이갈때 먹어본솜사탕
C F C G C
훅훅불면은 구멍이뚫리는 커다란솜사탕

5) 5단계 : 다양한 코드를 사용하여 반주하기

① 세븐 코드

모두 제자리

김성균 작사
김성균 작곡

C G7 C G
모 두 제 자 리 모 두 제 자 리 모 두 모 두 제 자 리
C G7 C G7 C
모 두 제 자 리 모 두 제 자 리 모 두 모 두 제 자 리

기린이랑 사슴이랑

김영자 작사
이은렬 작곡

C G7
기 린 이 랑 사 슴 이 랑 숨 바 꼭 질 재 밌 다
C G7
바 위 뒤 에 기 린 목 잘 - 들 키 고
C G7 C
나 무 뒤 에 사 슴 목 안 - 들 키 고

② 마이너 코드

독도는 우리 땅

박인호 작사
박인호 작곡

1. 울 릉 도 - 동 남 쪽　뱃 길 따 라　이　백 리　외 로 운 - 섬 하 나　새 들 의　고　향
2. 경 상 북 도 울 릉 군　울 릉 읍 -　독　도 리　동 경 백 - 삼 십 일　북 위 삼　십　칠
3. 오 징 어 - 꼴 뚜 기　대 구 명 태　거　북 이　연 어 알 - 물 새 알　해 녀 대　합　실
4. 지 증 왕 - 십 삼 년　섬 나 라 -　우　산 국　세 종 실 록 지 리 지　오 십 쪽 셋째 줄
5. 러 일 전 쟁 직 후 에　임 자 없 는 섬 이 라 고　억 지 로 - 우 기 면　정 말 곤　란　해

그 누 가 - 아 무 리　자 기 네 땅 이 라 고 우 겨 도　독　도 는 우　리 -　땅
평 균 기 온 십 이 도　강 수 - 량 - 은 - 천 삼 백　독　도 는 우　리 -　땅
십 칠 만 평 방 미 터　우 물 - 하 - 나 - 분 화 구　독　도 는 우　리 -　땅
하 와 이 는 미 국 땅　대 마 - 도 - 는 - 몰 라 도　독　도 는 우　리 -　땅
신 라 장 군 이 사 부　지 하 - 에 - 서 - 웃 는 다　독　도 는 우　리 -　땅

③ b코드

나처럼 해봐라

미상 작사
외국 곡

F
B♭
F
나 처럼해봐라 요렇 게 - 나 처럼해봐라 요렇 게 -
F
C7
F
나 처럼해봐라 요렇 게 - 아이참 재미있 다

멋쟁이 토마토

김영광 작사
김영광 작곡

F
B♭
C7
F
울 퉁 불 퉁 멋 진 몸 매 에
빠 알 간 옷 을 입 고
F
B♭
C
F
새 콤 달 콤 향 내 풍 기 는
멋 쟁 이 토 마 토 (토마토)
B♭
B♭
C
F
나 는 야
주 스 될 거 야 (꿀꺽!)
나 는 야
케 첩 될 거 야 (찍!)

2. 조성별 코드 동요 반주법

1) 다장조

(1) 다장조 음계와 코드

다장조의 코드는 다음과 같다.

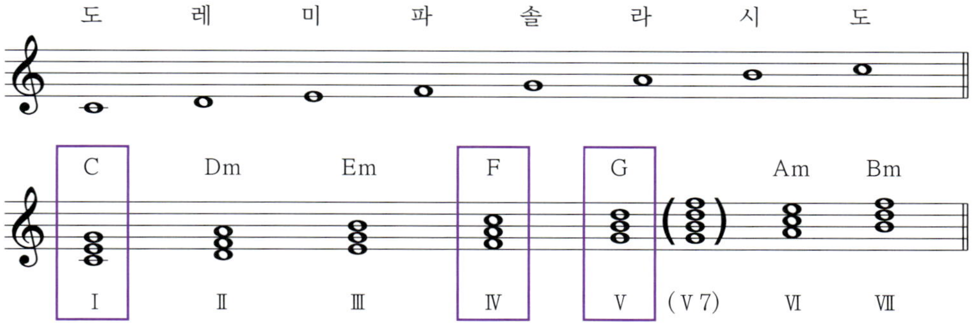

(2) 다장조 주요 코드 C, F, G, G7

동요 반주에서 주요 3화음 코드(C, F, G)와 G7을 주로 사용하여 반주한다.

C

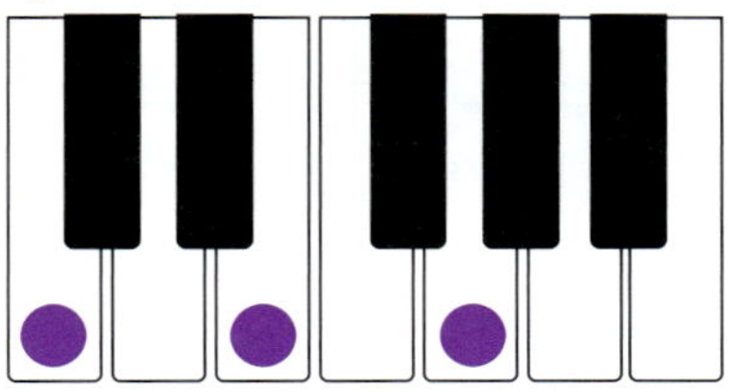

G

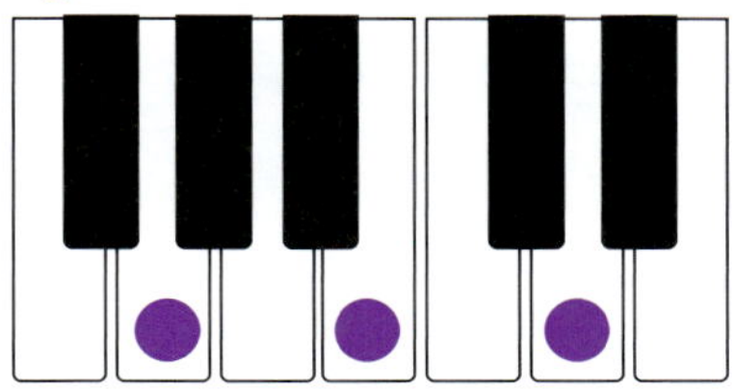

F

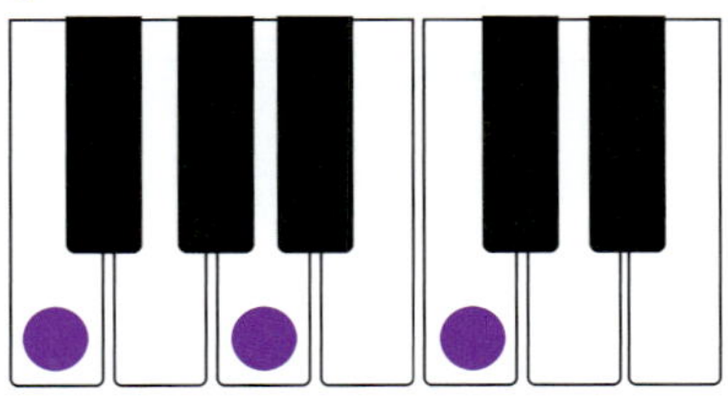

G7

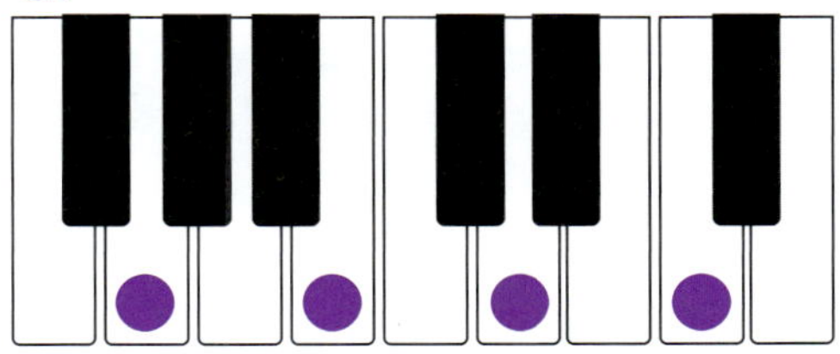

※ 코드를 이용하여 동요를 연주해 보세요

작은 동물원

김성균 작사
김성균 작곡

C G
삐 약 삐 약 병 아 리 음 매 음 매 송 아 지
C F C G C
따 당 따 당 사 냥 꾼 뒤 뚱 뒤 뚱 물 오 리
F C G C
푸 푸 개 - 구 리 - 집 게 집 게 집 게 가 - - 재 -
F C G C
푸 르 르 르 르 르 르 물 풀 소 라

자전거

목일신 작사
김대현 작곡

C F
1. 따 르 릉 따 르 릉 비 켜 나 셔 요
2. 따 르 릉 따 르 릉 이 자 전 거 는
C F C
자 전 거 가 나 갑 니 다 따 르 르 르 릉
울 아 버 지 장 에 갔 다 돌 아 오 실 때
C F G
저 기 가 는 저 사 람 조 심 하 셔 요
꼬 부 랑 - 꼬 부 랑 고 개 를 넘 어
F C G C
어 물 어 물 하 다 가 는 큰 일 납 니 다
비 탈 길 로 스 르 르 르 타 고 온 다 오

통통통통

미상 작사
미상 작곡

C G Dm
통 통 통 통 털보영감님 통 통 통 통 혹부리영감님
C F G7
통 통 통 통 코주부영감님 통 통 통 통 안경영감님
C G C
통 통 통 통 손을위 - 로 팔랑팔랑팔랑팔랑 손을무릎에

달팽이 집 동요에 적합한 코드를 적어보고 반주해 봅시다.

달팽이 집

외국 곡

달 팽 이 집 을 지읍시 다 어 여 쁘 게 지읍시 다
점 점 좁 게 점 점 좁 게 점 점 넓 게 점 점 넓 게
달 팽 이 집 을 지읍시 다 어 여 쁘 게 지읍시 다

2) 바장조

으뜸음이 “Fa”로 시작하므로 바장조, F Major라고 부르며 조표에 ‘시’ 음에 내림표가 붙어서 음계를 형성하게 된다.

(1) 바장조 음계와 코드

바장조의 코드는 다음과 같다.

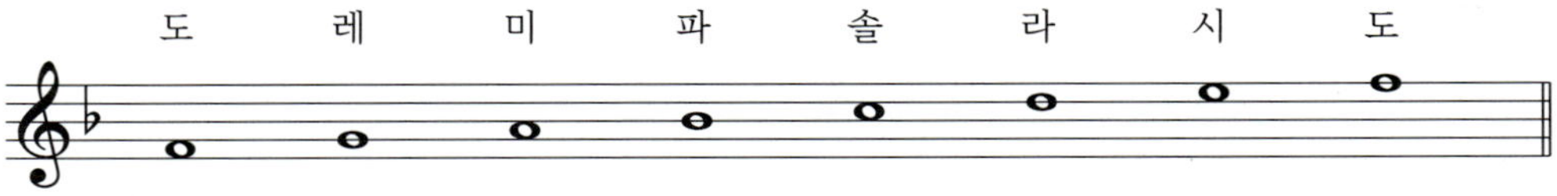

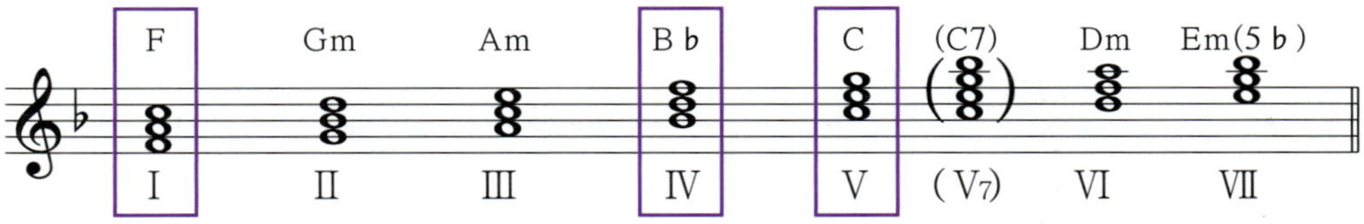

(2) 바장조 주요 코드(F, B♭, C, C7)

동요반주에서는 주요3화음(F, B♭, C) 코드와 C7코드를 주로 이용하여 반주한다.

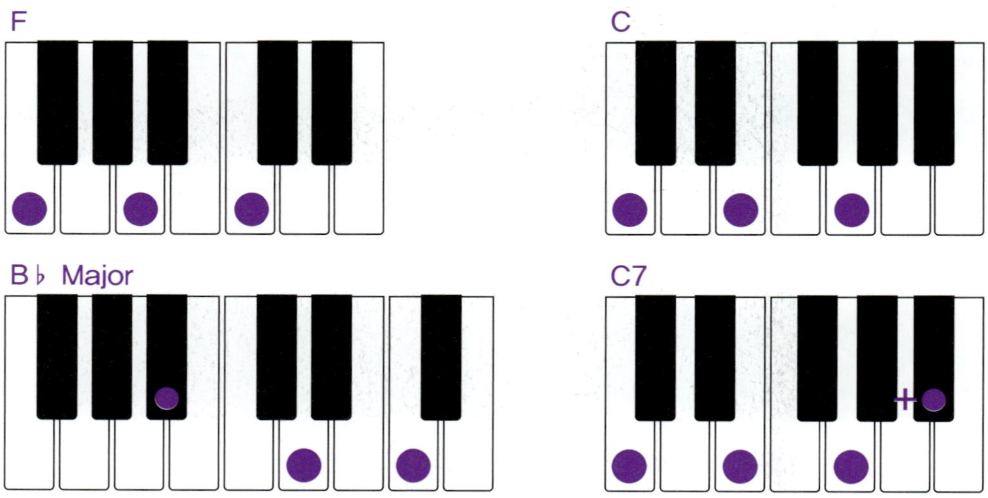

나비야

작자 미상
독일민요

F Bb Bb C
나 비 야 나 비 야 이 리 날 아 오 너 라
F Gm F F
노 랑 나 비 흰 나 비 춤 을 추 며 오 너 라
Bb F
봄 바 람 에 꽃 잎 도 방 긋 방 긋 웃 으 며
F Gm F F
참 새 도 짹 짹 짹 노 래 하 며 춤 춘 다

사랑

김성균 작사
김성균 작곡

F Bb C
1. 엄 마 를
2. 아 빠 를 보 면 나 도 몰 래
3. 선생 님 을
F Bb C
뛰 - 어 가 안 기 고 싶 어
F Gm C
왜 그 럴 까 왜 그 럴 까
C F C7 F
흠! 흠! 사 랑 이 죠

나는 숲속의 음악가

이요섭 작사
독일 민요

F C F C F
1. 나 는 숲 속 의 음 악 가 조 그 만 다 람 쥐 아
2. 나 는 숲 속 의 음 악 가 조 그 만 다 람 쥐 아
F C F C F
주 익 숙 한 솜 씨 로 바 이 올 린 켜 지 요 애 애 앵 앵 앵 애 애
주 익 숙 한 솜 씨 로 피 리 를 불 지 요 삐 리 삐 삐 삐 삐 리
C F C F C F
앵 앵 앵 애 애 앵 앵 앵 애 애 앵 앵 앵 참 잘 - 하 지 요
삐 삐 삐 삐 리 삐 삐 삐 삐 리 삐 삐 삐 참 잘 - 하 지 요

다음 동요에 코드를 적어 보고 반주해 보세요.

달팽이 집

외국 곡

달 팽 이 집 을 집 시 다
어 여 쁘 게 집 시 다
점 점 작 게 점 점 작 게
점 점 크 게 점 점 크 게
달 팽 이 집 을 집 시 다
어 여 쁘 게 집 시 다

3) 사장조

(1) 사장조 음계와 코드

사장조는 으뜸음이 '솔'로 시작하며 코드는 다음과 같다.

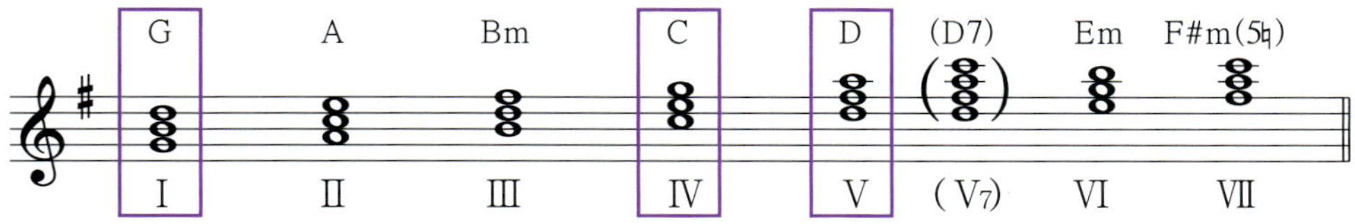

(2) 사장조 주요 코드 G, C, D, D7

동요반주에서는 주요3화음(G, C, D) 코드와 D7코드를 주로 이용하여 반주한다.

G Major

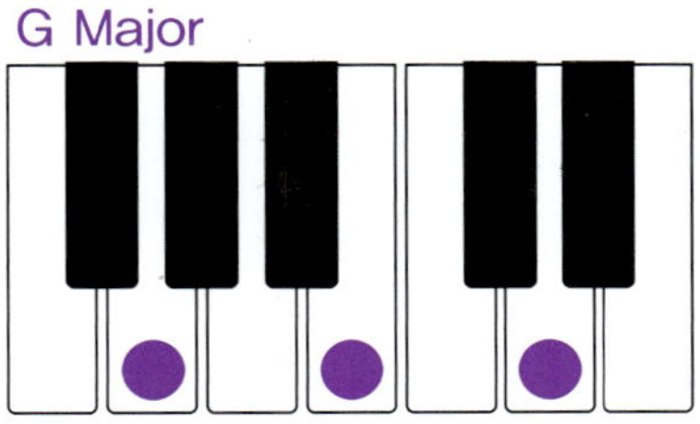

D

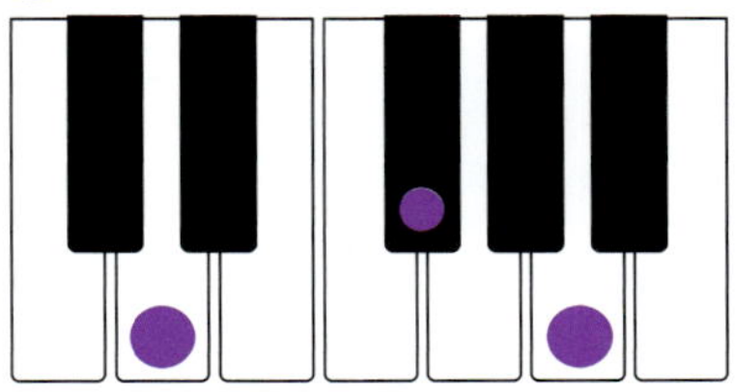

C Major

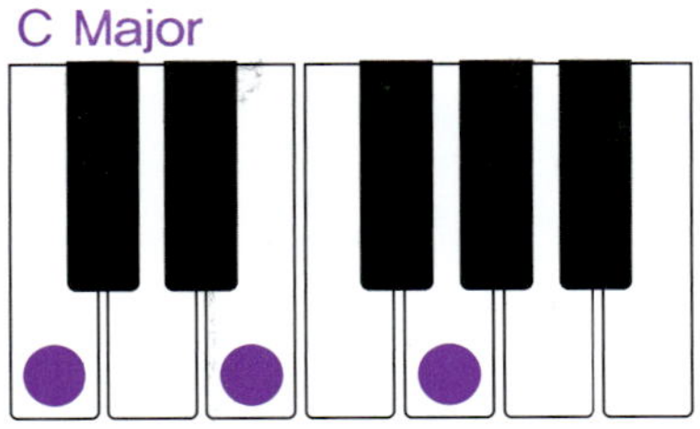

D7

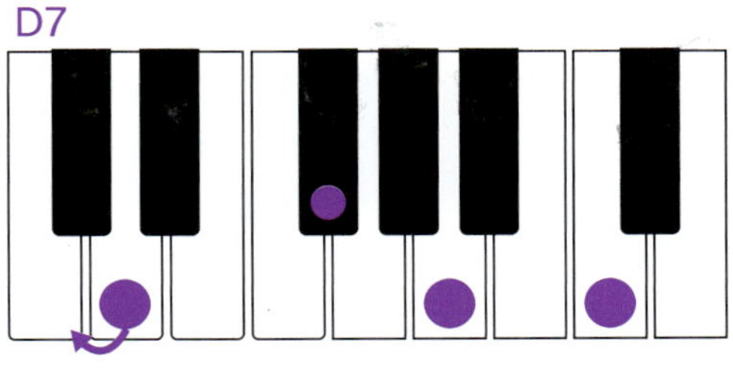

생일 축하 노래

외국 곡

G D G
생 일 축 하 합 니 다 생 일 축 하 합 니 다 사 랑
G D C G D7 G
하 는 당 신 의 생 일 축 하 합 니 다

너와 함께라면

방은영 작사
방은영 작곡

G C D7 G G
친구 야 너와 함 께 라 면 - 난- 항 상 즐 거 워 - 친구
C G D7 G
야 너와 함 께 라 면 - 난 항 상 행 복 해 -
Fine
C G D7 D
다툴때도있 고 웃을때도있 고 울 때도 있 지 만 -

하늘나라 동화

이강산 작사
이강산 작곡

G C D
동 산 위 에 올 라 서 서 파란하 늘 바 라 보 며 –
G C D G
천 사 얼 굴 선 녀 얼 굴 마음속 에 그려봅 니 다 –
C G D
하 늘 끝 까 지 올 라 – 실바 람 을 끌 어 안 고 – 날개
G D G
달 린 천 사 들 과 – 속삭 이 고 싶 어 라 –

다음 동요에 코드를 적어보고 반주해 보세요.

인사 노래

박경종 작사
정혜옥 작곡

안 녕 안 녕 안 녕 하 세 요
오 늘 도 만 나 서 반 갑 습 니 다
오 른 손 내 밀 어 악 수 합 시 다
하 하 하 웃 으 며 악 수 합 시 다

4) 라장조

(1) 라장조 음계와 코드

라장조는 으뜸음을 레(D)로 시작하며 코드는 다음과 같다.

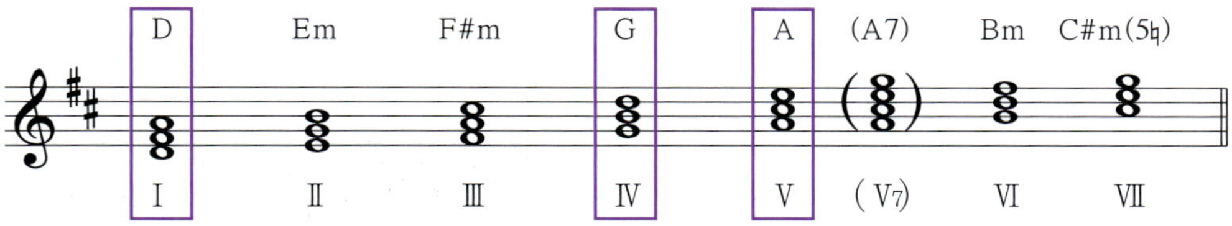

(2) 라장조 주요 코드 D, G, A, A7

동요반주에서는 주요3화음(D, G, A) 코드와 A7코드를 주로 이용하여 반주한다.

D Major

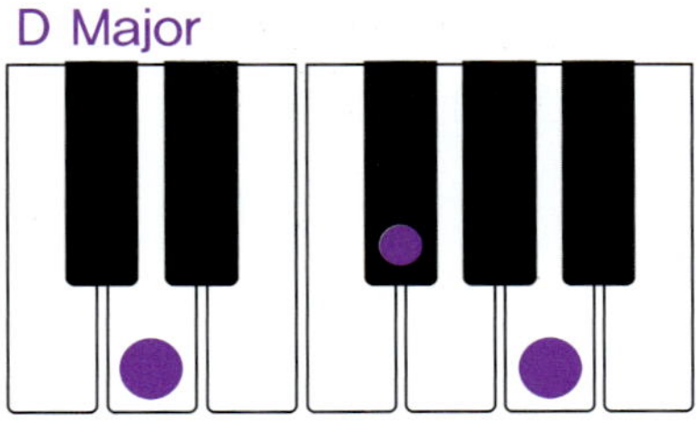

G Major

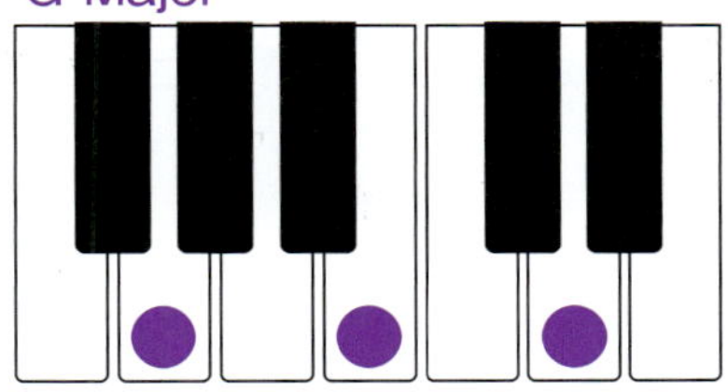

A Major

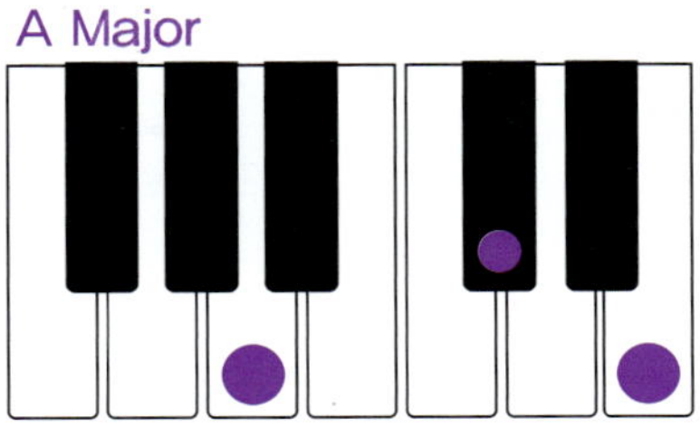

A7

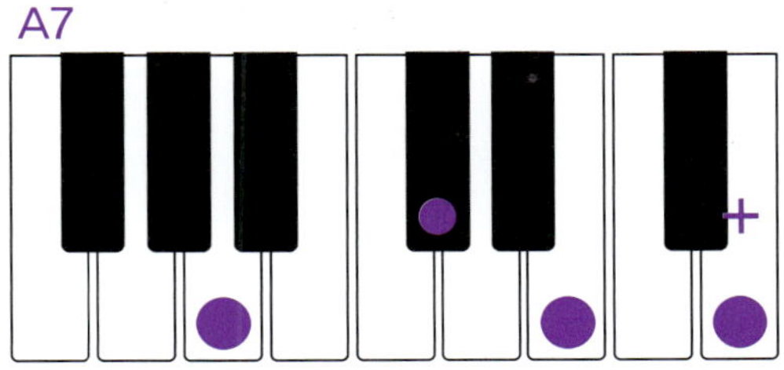

멋쟁이 토마토

김영광 작사
김영광 작곡

D A7 D
울퉁불퉁멋진몸 매 에 빠알간옷을 입 고
D A7 D
새콤달콤향내풍 기 는 멋쟁이토 마 토 (토마토)
G D
나 는 야 주스될거 야 (꿀꺽!) 나 는 야 케첩될거 야 (찍!)
G D A7 D
나 는 야 춤을출거 야 (헤이!) 뽐내는토 마 토 (토마토)

가을

백남석 작사
현제명 작곡

D Bm D G A
1.가 을 이 라 가 을 바 람 솔 솔 불 어 오 니 -
2.가 을 이 라 가 을 바 람 다 시 불 어 오 니 -
G D Bm A
푸 른 잎 은 붉 은 치 마 갈 아 입 고 서 -
밭 에 익 은 곡 식 들 은 금 빛 같 구 나 -
D G D Bm A
남 쪽 나 라 찾 아 가 는 제 비 불 어 모 아 -
추 운 겨 울 지 낼 적 에 우 리 먹 이 려 고 -
G D A D A7 D
봄 이 오 면 다 시 오 라 부 탁 하 누 나 -
하 느 님 이 내 려 주 신 생 명 의 양 식 -

형님 반에 간다네

김진영 작사
김진영 작곡

1. 내 가 처 음 토 끼 반 에 들 어 왔 을 때 에 는
2. 블 록 놀 이 소 꿉 놀 이 정 말 재 미 있 었 지
나 는 아 주 어 리 고 모르는것많 았 네
친 구 들 과 함 - 께 재미있게놀 았 지
이 젠 한 살 더 먹 어 서 몸 도 많 이 자 라 고
이 젠 형 님 반 이 되 어 서 로 헤 어 지 지 만
생 각 들 도 자 라 서 형님반에간 다 네
밝 은 웃 음 지 으 며 안-녕-한 다 네

다음 동요에 코드를 적어보고 반주해 보세요.

고마운 경찰 아저씨

유수호 작사
유수호 작곡

1. 고 마운경 찰 아 저 씨 우 리가길 을 물 - 으 - 면
2. 고 마운경 찰 아 저 씨 엄 마를잃 고 울고있으면
3. 고 마운경 찰 아 저 씨 우 리가길 을 건 - 널 - 땐
정 답게손 을 잡 고 서 우리를데 려다주시 죠 -
정 답게손 을 잡 고 서 엄마를찾 아 - 주시 죠 -
두 손을번 쩍 드 시 고 마음놓고 건너가게 하 죠

5) 내림 나장조

(1) 내림 나장조 음계와 코드

내림 나장조는 으뜸음을 B♭으로 시작하며 코드는 다음과 같다

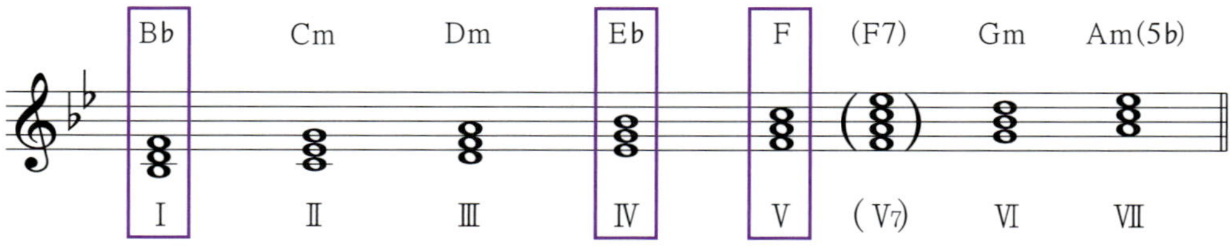

(2) 내림 나장조 주요 코드(B♭, E♭, F, F7)

동요반주에서는 주요3화음(B♭, E♭, F) 코드와 F7코드를 주로 이용하여 반주한다.

B♭ Major

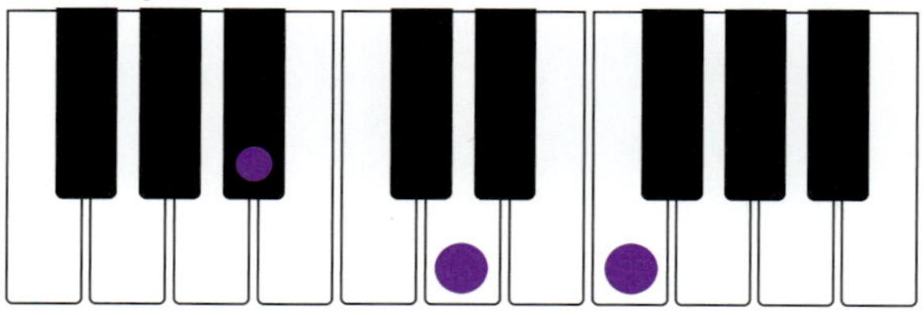

E♭ Major

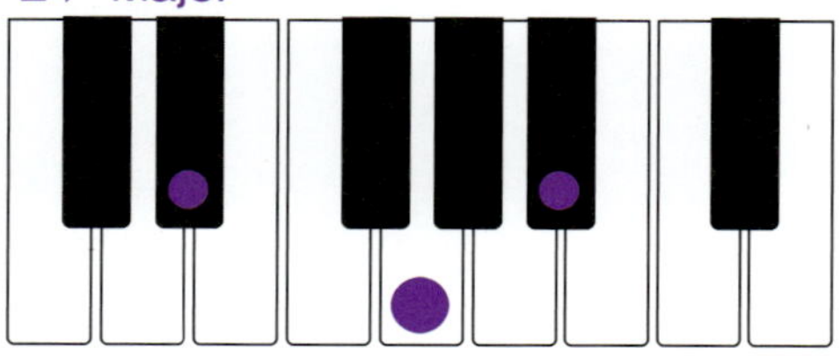

F Major

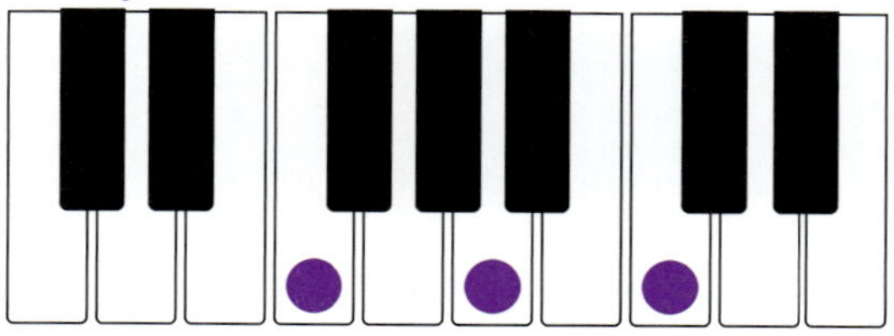

F7

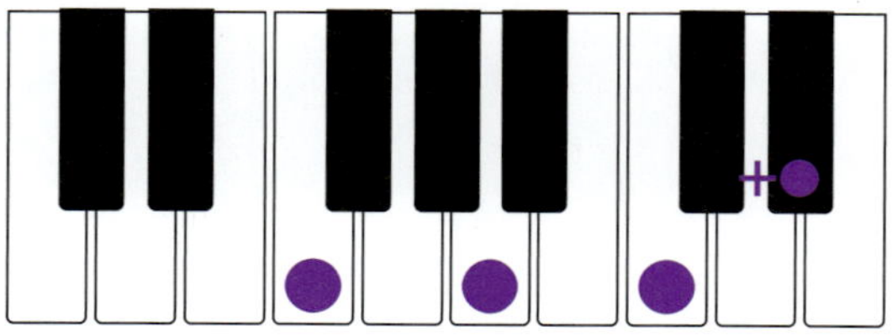

즐거운 소풍 길

이한숙 작사
김창수 작곡

1. 시 냇 물 건 너 숲 속 오 솔 길 따 라 서
2. 높 은 산 위 에 올 라 솔 바 람 마 시 면
발 걸 음 가 벼 웁 게 소 풍 가 는 길
산 허 리 흰 구 름 들 둥 실 떠 가 네
엄 마 아 빠 손 잡 고 - 랄 라 랄 라 노 래 부 르 면
아 빠 따 라 야 야 호 - 메 아 리 도 야 호 야 야 호
저 산 너 머 흰 구 름 - 어 서 오 라 손 짓 합 니 다
엄 마 따 라 야 야 호 - 산 새 들 도 따 라 합 니 다

다음 동요에 코드를 적어보고 연주해 보세요.

허수아비 아저씨

김규환 작사
김규환 작곡

1. 하 루 종 일 우 뚝 서 있 는 성 난 허 수 아 비 아 저 씨
2. 하 루 종 일 참 고 서 있 는 착 한 허 수 아 비 아 저 씨
짹 짹 짹 짹 짹 아 이 무 서 워 새 들 이 달 아 납 니 다
하 하 하 하 하 조 심 하 셔 요 모 자 가 벗 겨 지 겠 네
하 루 종 일 우 뚝 서 있 는 성 난 허 수 아 비 아 저 씨
하 루 종 일 참 고 서 있 는 착 한 허 수 아 비 아 저 씨

6) 내림 마장조

(1) 내림 마장조 음계와 코드

내림 마장조는 E♭를 으뜸음으로 하며 코드는 다음과 같다.

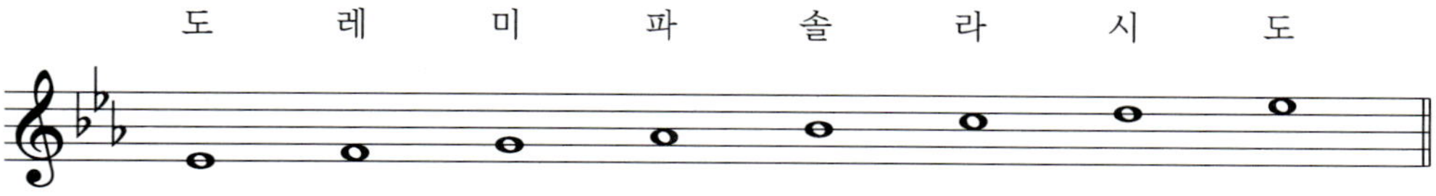

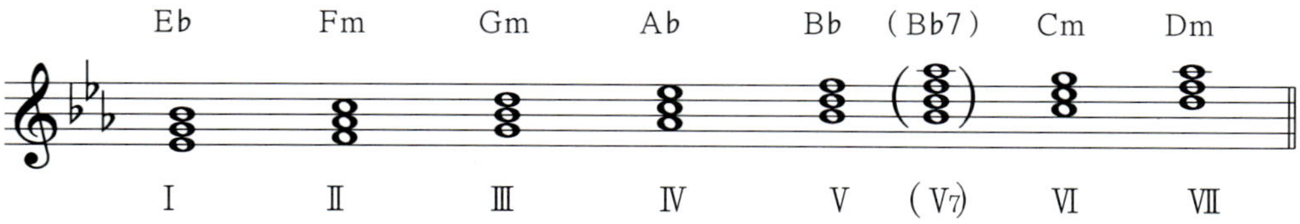

(2) 내림 마장조 주요 코드(E♭, A♭, B♭, B♭7)

동요반주에서는 주요3화음(E♭, A♭, B♭) 코드와 B♭7코드를 주로 이용하여 반주한다.

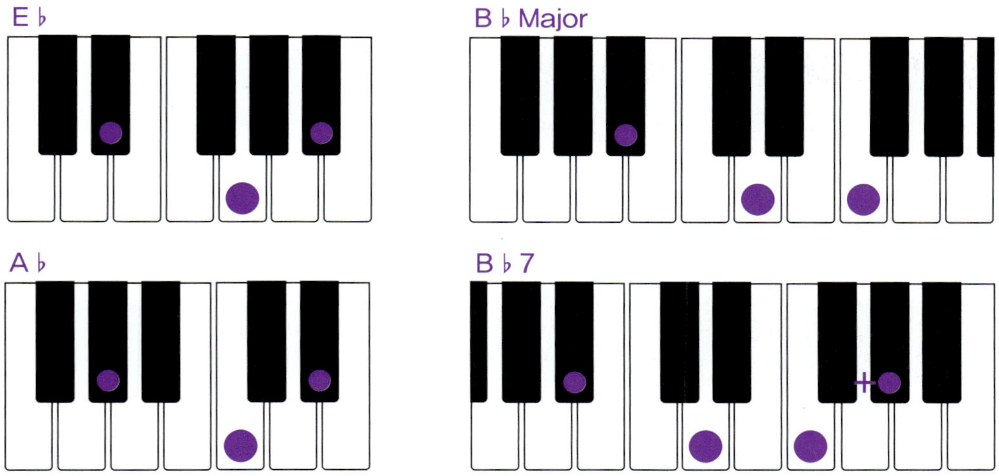

내동생

조운파 작사
최종혁 작곡

E♭ B♭
내 동 생 곱 슬 머 리 개 구 장 이 내 동 생
E♭ B♭
이 름 은 하 나 인 데 별 명 은 서 너 개
A♭ B♭
엄 마 가 부 르 실 땐 꿀 돼 지 아 빠 가 부 르 실 땐 두 꺼 비
A♭ B♭ B♭
누 나 가 부 를 때 면 왕 자 님 –
E♭ B♭ E♭
어 떤 게 진 짜 인 지 몰 라 몰 라 몰 라

다음 동요에 코드를 붙여서 연주해 보세요.

기린이랑 사슴이랑

김영자 작사
이은렬 작곡

기 린 이 랑 사 슴 이 랑 숨 바 꼭 질 재 밌 다
바 위 뒤 에 기 린 목 잘 – 들 키 고
나 무 뒤 에 사 슴 뿔 안 – 들 키 고

3. 전주

전주는 노래하고자 하는 곡의 분위기를 잘 나타내주어 곡의 분위기를 예측할 수 있도록 하고 노래의 시작 지점을 예측하게 한다. 보통 전주는 네 마디 정도가 적당하다. 전주는 곡의 맨 처음 두 마디와 마지막 두 마디를 연결하여 연주한다.

다음 동요를 전주와 함께 연주해 보세요.

C G D C
1. 사 과 같 은 내 얼 굴 예 쁘 기 도 하 구 나
2. 오 이 같 은 내 얼 굴 길 - 기 도 하 구 나
3. 호 박 같 은 내 얼 굴 우 습 기 도 하 구 나
C C G C
눈 도 반 짝 코 도 반 짝 입 도 반 짝 반 짝
눈 도 길 쭉 귀 도 길 쭉 코 도 길 쭉 길 쭉
눈 도 둥 글 귀 도 둥 글 입 도 둥 글 둥 글

V.

주제별 동요 반주곡

유아교사를 위한 동요반주법

유치원에 갑니다

김성균 작사
김성균 작곡

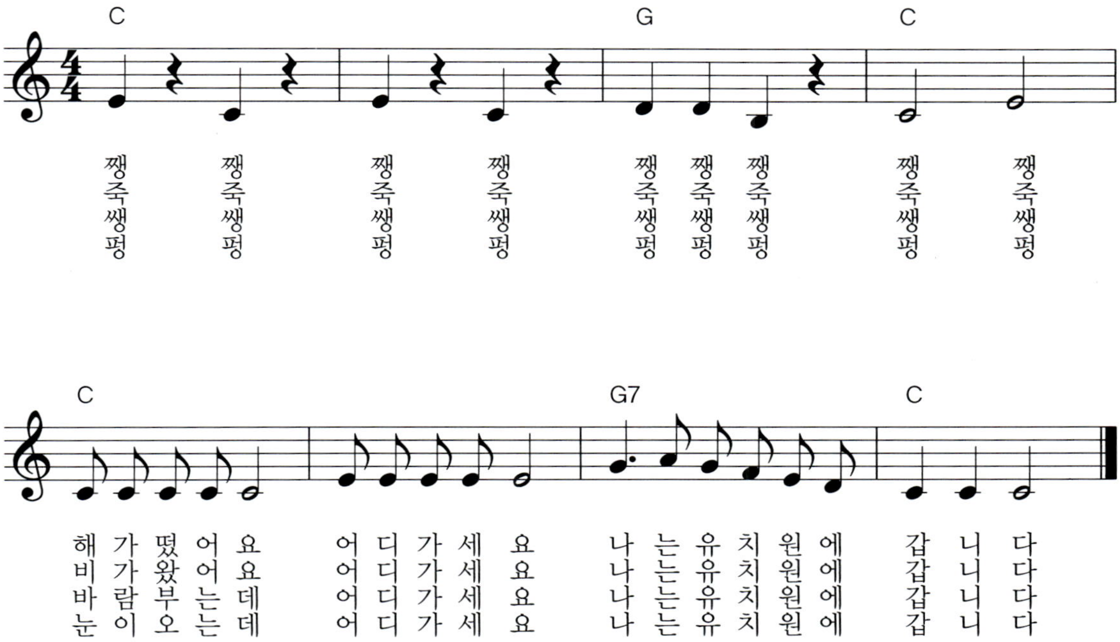
C G C
쨍 쨍 쨍 쨍 쨍 쨍 쨍 쨍 쨍
죽 죽 죽 죽 죽 죽 죽 죽 죽
쌩 쌩 쌩 쌩 쌩 쌩 쌩 쌩 쌩
펑 펑 펑 펑 펑 펑 펑 펑 펑
C G7 C
해 가 떴 어 요 어 디 가 세 요 나 는 유 치 원 에 갑 니 다
비 가 왔 어 요 어 디 가 세 요 나 는 유 치 원 에 갑 니 다
바 람 부 는 데 어 디 가 세 요 나 는 유 치 원 에 갑 니 다
눈 이 오 는 데 어 디 가 세 요 나 는 유 치 원 에 갑 니 다

안녕

김성균 작사
김성균 작곡

C F C G
안 녕 안 녕 선 생 님 안 녕 안 녕 친 구 들
C F C F C G C
1. 오 늘 다 시 만 나 반 갑 습 니 다 안 녕 안 녕 안 녕
2. 내 일 다 시 만 나 재 밌 게 놀 자 안 녕 안 녕 안 녕

갈 때 인사 노래

유경손 작사
유경손 작곡

C G
1. 아이 참 재 밌 어 요 우 리 유 치 원
2. 빨 리 내 일 아 침 돌 아 왔 으 면
C F G C
벌 써 갈 시 간 이 다 - 됐 - 네
우 리 유 치 원 에 또 - 오 - 게

선생님이 좋아서

방은영 작사
방은영 작곡

C
선 생 님 이 좋 아 서 활 짝 웃 어 요
G G7 C C
선 생 님 도 날 보 며 활 짝 웃 어 요
C F
우 리 서 로 만 나 면 활 짝 웃 어 요
F C G7 C
반 갑 게 인 사 하 면 서 활 짝 웃 어 요

친구야 사랑해

박상문 작사
박상문 작곡

C G C G
친 구야나는너를 좋 아해- 너를 좋 아 해
C G C G C
친 구야나는너를 사 랑해- 너를 사 랑 해
F C G C
아이 러 뷰 아이 러 뷰
F C G C
아이 러 뷰 너를 사 랑 해
너를 사 랑 해

꼭꼭 약속해

미상 작사
미상 작곡

F C Bb C F
너 하 고 나 는 친 구 되 어 서 사 이 좋 게 지 내 자
싸 움 하 면 은 친 구 아 니 야 사 랑 하 고 지 내 자
맛 있 는 것 은 나 눠 먹 으 며 서 로 돕 고 지 내 자
Bb F C7 F C F C F
새 끼 손 가 락 고 리 걸 -고 꼭 꼭 약 속 해

너와 함께라면

방은영 작사
방은영 작곡

G C D G G
친구 야 너와 함 께 라 면 - 난- 항 상 즐 거 워 - 친구
C G D G
야 너와 함 께 라 면 - 난 항 상 행 복 해 -
Fine
C G D
다툴때도있 고 웃을때도있 고 울 때도 있 지 만 -

친구야 나는 너를 사랑해

미상 작사
미상 작곡

G D7 G
친 구 야 나 는 너 를 사 랑 해 친 구 야 나 는 너 를 사 랑 해 사 랑
G C D7 G
해 사 랑 해 사 랑 해 사 랑 해 나 는 너 를 사 랑 해

모두 제자리

김성균 작사
김성균 작곡

C G7 C G
모 두 제 자 리 모 두 제 자 리 모 두 모 두 제 자 리
C G7 C G7 C
모 두 제 자 리 모 두 제 자 리 모 두 모 두 제 자 리

그냥 두고 나갔더니

김성균 작사
김성균 작곡

C
G
G7
C
장 난 감 을 갖 고 놀 다 가 그 냥 두 고 밖 에 나 갔 죠
그 림 책 을 꺼 내 보 다 가 그 냥 두 고 밖 에 나 갔 죠

C
F
G7
C
C
한 참 놀 다 들 어 와 보 니 장 난 감 이 울 며 하 는 말
한 참 놀 다 들 어 와 보 니 그 림 책 이 울 며 하 는 말

1. 나를 바닥에 그냥 두고 나갔기 때문에 지나가는 사람이 나를 뻥 찼단 말이야
2. 나를 바닥에 그냥 두고 나갔기 때문에 지나가는 사람이 나를 꽉 밟았단 말이야

C
F
G
C
또 그 러 면 안 돼 또 그 러 면 안 돼 또 그 러 면 난 싫 어
또 그 러 면 안 돼 또 그 러 면 안 돼 또 그 러 면 난 싫 어

정리 대장

윤정원 작사
정은주 작곡

C G C G C
정 리 대 장 나 가 신 다 길 을 비 켜 라 깔 끔대 장나 가신 다 길 을비 켜라
F C G7 C
장 난 감 이 들 어 간 다 착 착 착 - 블 럭 이 들 어 간 다 착 착 착 -
F C D7 G
가 방 이 들 어 간 다 착 착 착 - 책 이 들 어 간 다 착 착 착
C F G7 C
우 리 는 정 리 대 장 - 착 착 착

2. 나와 가족

생일 축하 노래

외국 곡

G D G
생 일 축 하 합 니 다 생 일 축 하 합 니 다 사 랑
G D C G D G
하 는 당 신 의 생 일 축 하 합 니 다

사과 같은 내 얼굴

김방옥 작사
외국 곡

C G7 C
1. 사 과 같 은 내 얼 굴 예 쁘 기 도 하 구 나
2. 오 이 같 은 내 얼 굴 길 - 기 도 하 구 나
3. 호 박 같 은 내 얼 굴 우 습 기 도 하 구 나
C G7 C
눈 도 반 짝 코 도 반 짝 입 도 반 짝 반 짝
눈 도 길 쭉 귀 도 길 쭉 코 도 길 쭉 길 쭉
눈 도 둥 글 귀 도 둥 글 입 도 둥 글 둥 글

요기 여기

김정순 작사
김숙경 작곡

C F C G7
1. 눈 은 어 디 있 나 요 기 코 는 어 디 있 나 요 기
2. 엄마 눈은 어 디 있 나 여 기 엄마 코는 어 디 있 나 여 기
C F G7 C
귀 는 어 디 있 나 요 기 입 은 어 디 있 을 까 요 기
엄마 귀는 어 디 있 나 여 기 입 은 어 디 있 을 까 여 기

텔레비전

정근 작사
정근 작곡

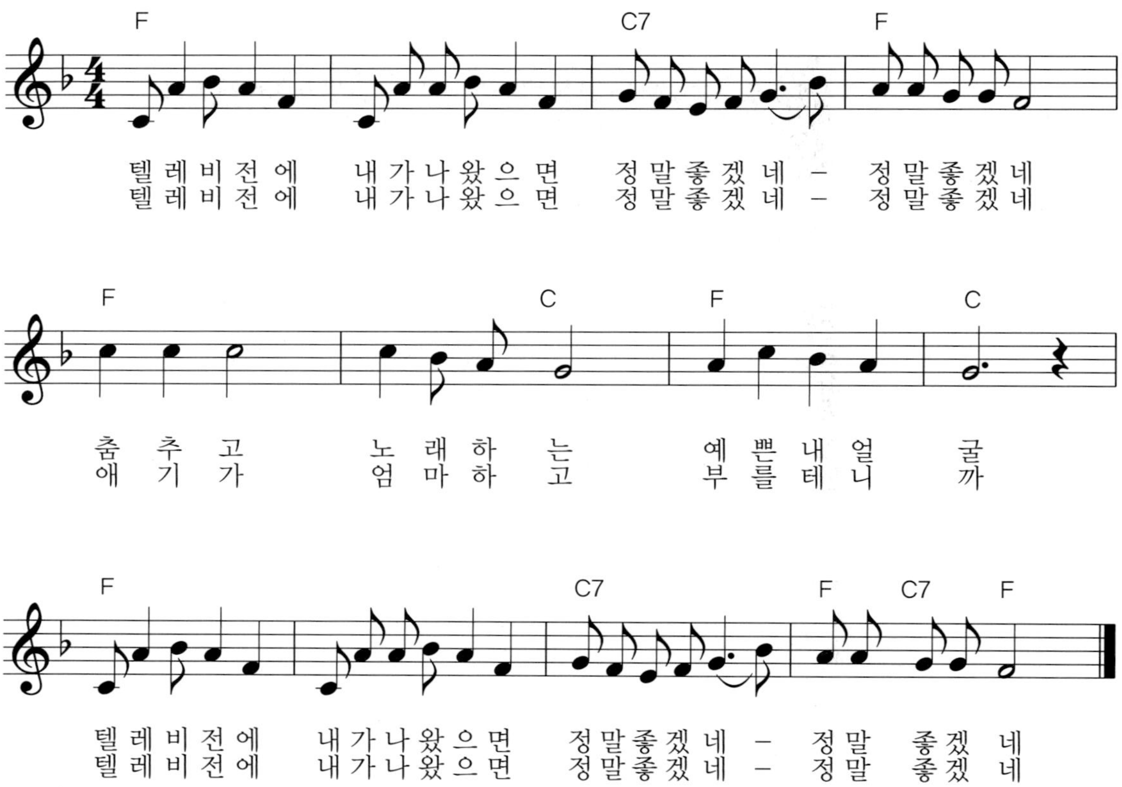

F C7 F
텔 레 비 전 에 내 가 나 왔 으 면 정 말 좋 겠 네 – 정 말 좋 겠 네
텔 레 비 전 에 내 가 나 왔 으 면 정 말 좋 겠 네 – 정 말 좋 겠 네
F C F C
춤 추 고 노 래 하 는 예 쁜 내 얼 굴
애 기 가 엄 마 하 고 부 를 테 니 까
F C7 F C7 F
텔 레 비 전 에 내 가 나 왔 으 면 정 말 좋 겠 네 – 정 말 좋 겠 네
텔 레 비 전 에 내 가 나 왔 으 면 정 말 좋 겠 네 – 정 말 좋 겠 네

곰 세 마리

작곡 미상
작사 미상

C E E C
곰 세 마 리 가 한 집 에 있 어 아 빠 곰 엄 마 곰 애 기 곰
C G C G
아 빠 곰 은 뚱 뚱 해 엄 마 곰 은 날 씬 해
C G C C
애 기 곰 은 너 무 귀 여 워 으 쓱 으 쓱 잘 한 다

우리 집

정하나 작사
박홍수 작곡

C G7 A G7
내 가 커 서 아 빠 처 럼 어 른 이 되 면
C G7 C D G7
우 리 집 은 내 손 으 - 로 지 을 거 예 - 요
C G C G
울 도 담 도 쌓 지 않 는 그 림 같 은 집 울 도 담 도 쌓 지 않 는 그 림 같 은 집 언
C F G7
제 라 도 우 리 집 에 놀 러 오 - 세 요

사랑

김성균 작사
김성균 작곡

F
B♭
C
1. 엄 마 를
2. 아 빠 를 보 면 나 도 몰 래
3. 선생 님 을
F
B♭
C
뛰 - 어 가 안 기 고 싶 어
F
Gm
C
왜 그 럴 까 왜 그 럴 까
C
F
C7
F
흠! 흠! 사 랑 이 죠

엄마 아빠

박경종 작사
김성태 작곡

C F C F
1. 우 리 엄 마 이 름 은 여 보 이 구 요
2. 여 보 당 신 부 르 기 아 주 쉽 지 요
C F C G C
우 리 아 빠 이 름 은 당 신 이 래 요
여 보 당 신 듣 기 도 재 미 나 지 요
G C F
그 래 도 우 리 들 은 부 르 지 못 해
C F C G C
엄 마 아 빠 둘 이 서 만 부 른 답 니 다

아빠는 엄마를 좋아해

이탈리아 곡

C G7
1. 귀 여 운 새 들 이 노 래 하 고 집 앞
2. 아 빠 가 퇴 근 을 하 실 때 면 양 손
3. 그 러 나 휴 일 엔 단 둘 이 만 아 무
G7 C
뜰 나 뭇 잎 춤 추 고 해 님 이 방 긋 이 고 개
엔 선 물 을 가 득 히 우 리 집 꼬 마 들 기 뻐
도 모 르 게 살 짝 쿵 우 리 집 꼬 마 들 화 가
G7 C G C
들 면 우 리 집 웃 음 꽃 피 어 요
하 네 엄 마 도 즐 겁 게 웃 어 요 엄
났 네 아 빠 는 엄 마 만 좋 아 해
F C G7 C
마 아 빠 좋 아 아 빠 엄 마 좋 아 랄
F C G7 C
라 랄 랄 랄 라 랄 라 랄 랄 랄 라

아빠 힘내세요

권연순 작사
한수성 작곡

C G G
딩 동댕 초인종 소 리에 얼른 문을- 열었더 니 -그토록
F G F G C
기 다 리던 아 빠가 문앞 에 -서계셨 죠 너 무나 반가워
F G F C F
웃 으며 아 빠 하고- 불렀는 데 -어쩐지 오 늘 아빠의 얼 굴이 우 울
G C
해 -보이네 요 무 슨 일 이 생겼나요- 무 슨 걱 정
F C F G
있 나요- 마 음 대로 안 되는일- 오 늘 -있었나 요
C Am G C
아 빠 힘내세 요 우리 가 -있잖아 요 아 빠 힘내세
F C G C F G C
요 우리 가 있 어 요 힘 내 세 요 아빠

내 동생

조운파 작사
최종혁 작곡

E♭ B♭ E♭
내 동 생 곱 슬 머 리 개 구 장 이 내 동 생
E♭ B♭ E♭
이 름 은 하 나 인 데 별 명 은 서 너 개
A♭ B♭
엄 마 가 부 르 실 땐 꿀 돼 지 아 빠 가 부 르 실 땐 두 꺼 비
A♭ B♭
누 나 가 부 를 때 면 왕 자 님 –
E♭ B♭ E♭
어 떤 게 진 짜 인 지 몰 라 몰 라 몰 라

섬집아기

한인현 작사
이흥렬 작곡

C G C G7
1. 엄 마 가 섬 그 늘 에 굴 따 러 - 가 면
2. 아 기 는 잠 을 곤 히 자 고 있 - 지 만
C G C G7 C
아 기 가 혼 자 남 아 집 을 보 - 다 가
갈 매 기 울 음 소 리 맘 이 설 - 레 어
G C F C G
바 다 가 불 러 주 는 자 장 노 래 에
다 못 찬 굴 바 구 니 머 리 에 이 고
C F C G7 C
팔 베 고 스 르 르 르 잠 이 듭 - 니 다
엄 마 는 모 랫 길 을 달 려 옵 - 니 다

어른이 되면

김성균 작사
김성균 작곡

F C7 F
내가커서어른되면 어떻게 될까 아빠처럼넥 타이 메고있을까
F B♭ F C7 F
엄마처럼행주치마 입고있을까 랄라 라다같 이 흉내내보자 나는
C F C7 F C
엄 마 나도 엄 마 아빠 다 녀 오 세 요 호 호 나는
C F C7 F C F
아 빠 나도 아 빠 여보 여 보 다 녀 왔 소

참 좋은 말

김완기 작사
장지원 작곡

F C Dm Gm C
사 랑 해 요 - 이 한 마 디 - 참 좋 은 말 -
F Gm C F
우 리 식 구 - 자 고 나 면 - 주 고 받 는 말 - - -
F C Dm Gm C
사 랑 해 요 - 이 한 마 디 - 참 좋 은 말 -
F B♭ C F
엄 마 아 빠 - 일 터 갈 때 - 주 고 받 는 말 - 이 말 이
B♭ F C F
좋 아 서 - 온 종 일 신 이 나 지 요 이 말 이 좋 아 서 - 온 종 일 일 맛 나 지 요 이 말 이
B♭ F G C
좋 아 서 - 온 종 일 가 슴 이 - 콩 닥 콩 닥 인 데 요
F B♭ Gm7 C
사 랑 해 요 - 이 한 마 디 - 참 좋 은 말 -
F Gm C F
To Coda
나 는 나 는 - 이 한 마 디 - 가 정 말 좋 아 요 -

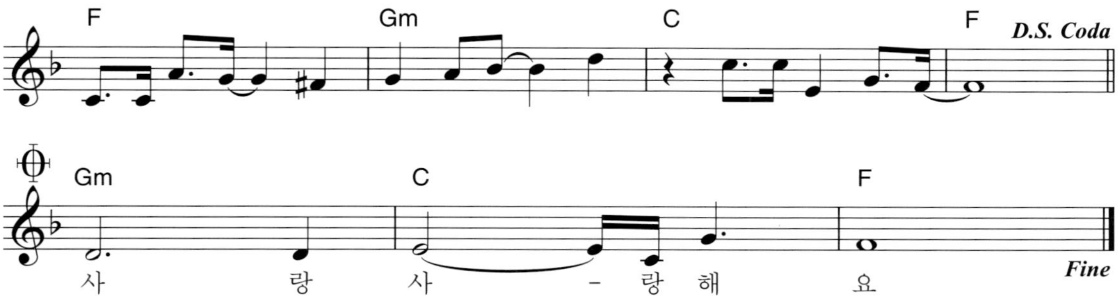
F
Gm
C
F
D.S. Coda
Gm
C
F
사 랑 사 - 랑 해 요
Fine

어린이날 노래

윤석중 작사
윤극영 작곡

F C7
1. 날 아 라 새 들 아 - 푸 른 하 - 늘 - 을
2. 우 리 가 자 라 면 - 나 라 의 - 일 - 꾼
F C7 F
달 려 라 냇 물 아 - 푸 른 벌 - 판 - 을
손 잡 고 나 가 자 - 서 로 정 - 답 - 게
B♭ C7 F C
오 월 은 푸 르 구 나 - 우 리 들 은 자 란 - 다
오 월 은 푸 르 구 나 - 우 리 들 은 자 란 - 다
C7 F C7 F
오 늘 은 어 린 이 날 우 리 들 - 세 - 상
오 늘 은 어 린 이 날 우 리 들 - 세 - 상

3. 동식물

꽃밭에서

어효선 작사
권길상 작곡

C F C
1. 아 빠 하 고 나 - 하 고 만 든 꽃 밭 에 -
2. 애 들 하 고 재 - 밌 게 뛰 어 놀 다 가 -
F C G7 C
채 송 화 도 봉 숭 아 도 한 창 입 니 다 -
아 빠 생 각 나 - - 서 꽃 을 봅 니 다 -
G C F C C7
아 빠 - 가 매 어 놓 은 새 끼 줄 - 따 라 -
아 빠 - 는 꽃 - 보 며 살 자 그 - 랬 죠 -
F C F C G7 C
나 팔 꽃 도 어 울 리 게 피 었 습 - 니 다 -
날 - 보 고 꽃 - 같 이 살 자 그 - 랬 죠 -

민들레

강소천 작사
이상근 작곡

C G7 C F C
1. 길 가 의 민 들 레 도 노 랑 저 고 리
2. 길 가 의 민 들 레 도 노 랑 저 고 리
F C G7 C G7
첫 돌 맞 이 우 리 아 기 도 노 랑 저 고 리
첫 돌 맞 이 우 리 아 기 도 노 랑 저 고 리
C G7 C G7 C
민 들 레 야 방 실 방 실 웃 어 보 아 라
아 - 가 야 아 장 아 장 걸 어 보 아 라
C F C G7 C
아 - 가 야 방 실 방 실 웃 어 보 아 라
민 들 레 야 방 실 방 실 웃 어 보 아 라

멋쟁이 토마토

김영광 작사
김영광 작곡

D
A7
D
울퉁불퉁멋진몸 매 에
빠알간옷을 입 고
D
A7
D
새콤달콤향내풍 기 는
멋 쟁 이 토 마 토 (토마토)
G
D
나 는 야
주스될거 야 (꿀꺽!)
나 는 야
케첩될거 야 (찍!)
G
D
A7
D
나 는 야
춤을출거 야 (헤이!)
뽐내는토 마 토 (토마토)

씨앗

김성균 작사
김성균 작곡

C
F
씨 씨 씨 를 뿌 리 고
꼭 꼭 물 을 주 었 죠
C
3
F
3
G
3
3
하 룻 밤 이 틀 밤 쉿 쉿 쉿 뿌 드 득 뿌 드 득
3
C
뿌 드 득 싹 이 났 어 요

잉잉잉

김성균 작사
김성균 작곡

F C7 F
고 추 밭 에 고 추 는 뾰 족 한 고 추
오 이 밭 에 오 이 는 날 씬 한 오 이
F C7 F C
빨 간 고 추 초 록 고 추 모 두 뾰 족 해
이 리 봐 도 저 리 봐 도 날 – 씬 한 데
F C F
댕 글 댕 글 사 과 가 놀 러 왔 다 가
둥 글 둥 글 호 박 이 놀 러 왔 다 가
F C7 F C7 F
아 야 아 야 따 가 워 서 잉 잉 잉
나 는 언 제 예 뻐 지 나 잉 잉 잉

코끼리와 거미줄

C G C
한 마리코끼리가 거미줄에걸렸네 신 나게그네를 탔 다 네
C F G C G C G C
너무너무재미가 – 좋아좋아랄랄라 다른친구코끼리를 불 – 렀 – 네

숲속 초막집

미상 작사
미상 작곡

G D7 D G
숲 속 초 막 집 창 가 에 작 은 아 이 가 섰 는 데
G Am D7 G
토 끼 한 마 리 가 뛰 어 와 문 두 드 리 며 하 는 말
G C D G
날좀 살려 주세요 날좀 살려 주세요 날살려 주지 않으면 포수가 빵 쏜대요
G D7 G
작 은 토 끼 야 들 어 와 편 히 쉬 어 라

올챙이와 개구리

윤현진 작사
윤현진 작곡

F C F C7
개 울 가 에 올챙이한 마 리 꼬 물꼬물 헤 엄 치 다
F C F C F
뒷 다 리 가 쑥 앞 다 리 가 쑥 팔 딱팔 딱 개 구 리 됐 네
F C7 F C7
꼬 물 꼬 물 꼬 물 꼬 물 꼬 물 꼬 물 올 챙 이 가
F C F C7 F
뒷 다 리 가 쑥 앞 다 리 가 쑥 팔 딱팔 딱 개 구 리 됐 네

개구리

이동찬 작사
홍난파 작곡

C G G7
개 굴 개 굴 개 구 리 노 래 를 한 다 아 들 손 자 며 느 리
C G C
다 - 모 여 서 밤 새 도 록 하 여 도 듣 는 이 없 네
G7 C F C
듣 는 사 람 없 어 도 날 이 밝 도 록 개 굴 개 굴 개 구 리
G7 F G C
노 래 를 한 다 개 굴 개 굴 개 구 리 목 청 도 좋 다

기린이랑 사슴이랑

김영자 작사
이은렬 작곡

C
G7
기 린이랑 사 슴이랑 숨바꼭질재 밌 다
C
G7
바위뒤에기 린 목 잘 - 들 키 고
C
G7
C
나무뒤에사 슴 목 안 - 들 키 고

밀림으로

김성균 작사
김성균 작곡

C G7 C
산 속에깊 은 강 산 속에깊 은 강
C F G7 C
배 를타고 배 를타고 밀 림 으로 밀 림 으로
F G7 G7
꿩 두 마리 푸드득 푸드득 물 개두 마리 쓱 쓱
F G7
다람쥐두 마리 토 독 토 독 달 려든 다호 랑
C G7 C
이 어 흥 달 려든 다호 랑 이 땅

작은 동물원

김성균 작사
김성균 작곡

C G
삐 약 삐 약 병 아 리 음 매 음 매 송 아 지
C F C G C
따 당 따 당 사 냥 꾼 뒤 뚱 뒤 뚱 물 오 리
F C G C
푸 푸 개 - 구 리 - 집 게 집 게 집 게 가 - - 재 -
F C G C
푸 르 르 르 르 르 르 물 풀 소 라

아기 염소

이해별 작사
이순형 작곡

D A
파 란 하 늘 파 란하늘꿈 이 드 리 운 푸 른 언 덕 에
A7 D A D
아 기 염 소 여 럿 이 풀 을 뜯 고 놀 아 요 해 처 럼 밝 은 얼 굴 로
Dm
빗 방 울 이 뚝 뚝 뚝 뚝 떨 어 지 는 날 에 는 잔 뜩 찡 그 린 얼 굴 로
B♭ F
엄 마 찾 아 음 - 매 아 빠 찾 아 음 - 매 울 상 을 짓 다 가
D A
해 가 반 짝 곱 게 피 어 나 면 너 무 나 기 다 렸 나 봐
A7 D A D
폴 짝 폴 짝 콩 콩 콩 흔 들 흔 들 콩 콩 콩 신 나 는 아 기 염 소 들

여우야 여우야

전래동요

Am
1. 한 고개넘어가니 여우가없네 두 고개넘어가니 여우가없네
2. 세 고개넘어가니 여우가없네 네 고개넘어가니 여우가없네
3.다섯 고개넘어가니 여우가없네 여섯 고개넘어가니 여우가없네
Am
여 우 야 여 우 야 뭐 하 - 니 잠 잔 - 다 잠꾸러 - 기
(함께) (술래) (함께)
Am
여 우 야 여 우 야 뭐 하 - 니 세 수 한 - 다 멋 쟁 - 이
(함께) (술래) (함께)
Am
여 우 야 여 우 야 뭐 하 - 니 밥먹는 - 다 무슨반 - 찬
(함께) (술래) (함께)
Am 3
개구리반 - - 찬 죽 었 니 살 았 니 살 았 다
(술래) (함께) 또는(죽 었 다)
(술래)

참 재미있었지

김성균 작사
김성균 작곡

C G C
나 는 나 는 산 으 로 갔 었 지 산 – 에 서 무 얼 보 았 니
나 는 나 는 바 다 로 갔 었 지 바 다 에 서 무 얼 보 았 니
C G Dm G C
졸 졸 졸 졸 흐 르 는 시 – 냇 물 맴 맴 맴 맴 맴 매 – 미
조 그 맣 고 하 얀 – 조 개 껍 질 깍 깍 깍 깍 깍 갈 매 기
C F C G
랄 랄 라 랄 랄 라 참 좋 았 겠 구 나
C F C G C
랄 랄 라 랄 랄 라 참 재 미 있 었 지

잠자리

백약란 작사
손대업 작곡

C G7 C F
잠 자리날 아 다 니 다 장 다리꽃 에 앉 았 다
C G F G7 C G F G7
살 금 살 금 바 둑 이 가
C G7 C F G7 C
잡 다가놓 쳐 버 렸 다 짖 다가날 려 버 렸 다

4. 건강과 안전

싹싹 닦아라

미 상 작곡
이원수 작사

F
싹 - 싹 - 닦 - 아 라 윗 니 아 랫 니
C
싹 - 싹 - 닦 - 아 라 앞 니 어 금 니
F
이 잘 닦 는 아 - 이 는 하 얀 이 예 쁜 이
C B♭ C F
웃 을 - 때 에 반 짝 반 짝 참 예 뻐 요

손을 씻어요

박경종 작사
정혜옥 작곡

E♭
B♭7
E♭
1. 손 을 손 을 씻 어 요 깨 끗 하 게 씻 어 요
2. 손 을 손 을 씻 어 요 깨 끗 하 게 씻 어 요
E♭
B♭7
E♭
고 사 리 같 은 예 쁜 손 깨 끗 하 게 씻 어 요
단 풍 잎 같 은 고 운 손 깨 끗 하 게 씻 어 요
A♭
E♭
A♭
E♭
개 구 쟁 - 이 - 미 운 손 울 보 떼 - 보 - 미 운 손
장 난 꾸 러 기 - 미 운 손 심 술 쟁 - 이 - 미 운 손
E♭
B♭7
E♭
맑 은 물 에 뽀 득 뽀 득 우 리 모 두 씻 어 요
맑 은 물 에 뽀 득 뽀 득 손 을 손 을 씻 어 요

병원 놀이

장민수 작사
장정옥 작곡

F
여 보 세 요 여 보 세 요 배 가 아 파 요
여 보 세 요 여 보 세 요 나 는 의 사 요
C7 F B♭ C
배 아 프 고 열 이 나 면 어 떡 할 까 요
배 아 프 고 열 이 나 면 빨 리 오 세 요
F C F
어 느 어 느 병 – 원 에 가 야 할 까 요
여 – 기 는 소 – 아 과 병 원 입 니 다

얼음과자

박경종 작사
정혜옥 작곡

F
어 어 얼 음 과 자 맛 이 있 다 고
C7 F C
한 개 두 개 먹 으 면 이 가 시 려 요
F
어 어 얼 음 과 자 맛 이 있 다 고
B♭ F C7 F
세 개 네 개 먹 으 면 배 가 아 파 요
F B♭ F
배 가 배 가 아 파 서 병 원 에 가 면
C C7 F C F
우 리 엄 마 얼 굴 에 주 름 이 가 요

길 조심

조성녀 작사
조성녀 작곡

F C7 F
1. 자 동 차 가 빵 빵 자 전 거 는 따 르 릉
2. 빨 간 불 은 멈 춰 노 랑 불 은 기 다 려
F B♭ F C7 F
길 조 심 길 조 심 사 고 날 라 길 조 심
파 란 불 켜 졌 다 조 심 조 심 길 조 심

건너가는 길

김성균 작사
김성균 작곡

F B♭ F
3
건 너 가 는 길 을 건 널 땐 빨간불 안 돼 요 노란불 안 돼 요
C7 F
초 록 불 이 돼 야 죠 신 호 등 이 없 는 길 에 선
B♭ F C7 F
달려도 안 돼 요 뛰어도 안 돼 요 손 을 들 고 가 야 죠

그대로 멈춰라

김방옥 작사
김방옥 작곡

C G C G
즐 겁 게 춤 을추 다가 그 대로멈 춰 라
C G F G C
즐 겁 게 춤 을추 다가 그 대로멈 춰 라
F C G C G
눈 도 감지말고 웃 지도말 고 울 지도말 고 움직이지마
C G F G C
즐 겁 게 춤 을추 다가 그 대로멈 춰 라

깡깡총 체조

강신욱 작사
이수인 작곡

C G7
손 을 높 이 손 을높이 - 쪽 쪽 쪽 쪽 쪽 뻗 어봐요
C C G7
- 발 을 쿵 쿵 발 을쿵쿵 -
C
쿵 쿵 쿵 쿵 쿵 굴 려봐요 -
G
엉 덩 이 를 실 룩 실 룩샐룩 -
F G
이 쪽 저 쪽 실 룩샐룩 - 빙 글 뱅 글 빙 글뱅글 -
G7 C
깡 깡 총 깡 총 깡 총 깡 깡 총

통통통

김성균 작사
김성균 작곡

C F G7 C
1. 통 - 통 통 - 높 이 뛰 다 가 살 살 동 그 랗 게 뛰 다 가
2. 하 나 둘 씩 씩 하 게 걷 다 가 깡 충 깡 충 깡 충 뛰 다 가
C F C
흔 들 흔 들 흔 들 흔 들 춤 추 - 다 가 점 점 점 점 아 래 로
빙 글 빙 글 빙 글 빙 글 돌 아 가 다 가 물 속 으 로 풍 - 덩
F C G C
엉 금 엉 금 기 어 가 다 가 살 금 살 금 살 - 금
땅 을 보 고 통 - 통 - 통 하 늘 보 고 통 통 통
F C G C
떼 굴 데 굴 떼 굴 데 굴 굴 러 가 다 가 일어 섯
첨 벙 첨 벙 첨 벙 첨 벙 헤 엄 치 다 가 일어 섯

둘이 살짝

박경문 작사
김방옥 작곡

C F G7
둘 이 살 짝 손 잡 고 오른 쪽 으 로 돌 아 요
C C
둘 이 살 짝 손 잡 고 왼 쪽 으 로 돌 아 요
Fine
F C G7 C
내 무 릎 치 고 네 어 깨 치 고 내 손 뼉 치 고 네 손 뼉 치 고
F C G7 C
내 무 릎 치 고 네 어 깨 치 고 내 손 뼉 치 고 네 손 뼉 치 고
D.C.

우리 동네

김성균 작사
김성균 작곡

C
F
G
우 리 동 네 이 름 은 ○ ○ 동 인 데
C
G7
C
아 주 아 주 좋 아 요 정 말 좋 아 요
Fine
G7
C
커 다 란 네 거 리 엔 뭐 든 지 다 있 어 요
F
C
1. 병 원 도 있 고 은 행 도 있 고 인 형 가 게 도 있 죠
2. 꽃 집 도 있 고 시 장 도 있 고 금 붕 어 도 있 어 요
D.S.

행복한 우리 동네

한혜선 작사
맹윤희 작곡

G C D7
예 쁜 새 들 노 래하는 행 복 한 - 우 리동네
G C D G
아 름 다 운 우리동네엔 무엇이있을 까 요
C G D7 G
삐뽀삐뽀삐 뽀 병 원 싹둑싹둑싹 둑 미 용 실
C G D7
북적북적북 적 시 장 하하호호우 리 원
G C D7
예 쁜 새 들 노 래하는 행 복 한 - 우 리동네
G C D7 G
신 - 나 는 우 리동네 행복한우리 동 네

시장 잔치

김성균 작사
김성균 작곡

C C7 C
수 박 수 박 이 나 – 왔 어 요 시 원 한 수 박 이 뚱– 뚱 해 요
호 박 호 박 이 나 – 왔 어 요 못 생 긴 호 박 이 더 맛 있 대 요
C C7 C
참 외 참 외 가 나 – 왔 어 요 샛 노 란 참 외 가 꿀 맛 이 에 요
오 이 오 이 가 나 – 왔 어 요 날 씬 한 오 이 가 멋 쟁 이 에 요
C
내 일 은 못 사 요 빨 리 빨 리 사 – 가 세 요
C G C
내 일 은 못 사 요 다 떨 어 집 니 다

우체부 아저씨

정근 작사
정근 작곡

F Bb F C F Dm
아 저 씨 아 저 씨 우 - 체 부 아 저 씨 큰 가 방 메 고 서
C F F Bb F C
어 디 가 세 요 큰 가 방 속 에 는 편 지 편 지 들 었 죠
F Dm C F F Bb
동 그 란 모 자 가 아 주 멋 져 요 편 지 요 편 지 요
F C F Dm C F
옳 지 옳 지 왔 구 나 시 집 간 언 니 가 내 일 온 대 요

고향의 봄

이원수 작사
홍난파 작곡

C F C G
1. 나 의 살 - 던 고 향 은 꽃 피 는 산 - 골
2. 꽃 - 동 - 네 새 동 네 나 의 옛 고 - 향
C G C F C
복 숭 아 꽃 살 구 - 꽃 - 아 기 진 달 - 래
파 - 란 들 남 쪽 - 에 서 바 람 이 불 - 면
G C G C F C G
울 긋 불 긋 꽃 - 대 궐 차 린 - 동 - 네
냇 - 가 에 수 양 버 들 춤 추 는 동 - 네
C G C F C
그 속 에 서 놀 던 - 때 가 그 립 습 니 - 다
그 속 에 서 놀 던 - 때 가 그 립 습 니 - 다

아름다운 나라

최성화 작사
최종진 작곡

C F G7
1.하 늘 높 이 울 려 라 우 리 태 극 기
2.아 름 답 게 피 어 라 우 리 무 궁 화
3.멀 리 멀 리 퍼 져 라 우 리 애 국 가
C G7 C
높 이 높 이 올 라 라 우 리 태 극 기
사 천 만 의 가 슴 에 곱 게 피 어 라
온 세 계 에 울 려 라 우 리 애 국 가

우리나라

김성균 작사
김성균 작곡

C G7 C G7 C
우리우리나라는 정말정말좋아요 우리우리나라는 정말좋아요
G7 C F
봄 은꽃나라 여름 은별나라 가을 은숲 나 라
C F C G7 C G7 C
그 리 고 추 운 겨 울 은 하 얀 눈 나 라

김장

미상 작사
미상 작곡

C G G7 C
1.김 장 을 담 그 려 면 - 내 - 가 있 어 야 죠 -
2.배 추 가 있 - 어 도 - 내 - 가 있 어 야 죠 -
3.고 추 가 있 - 어 도 - 내 - 가 있 어 야 죠 -
4.모 두 다 있 어 야 죠 - 김 장 을 담 그 려 면 -
C G F G7 C
싱 싱 하 고 파 란 배 추 가 있 어 야 죠 -
싱 싱 하 고 빨 간 고 추 가 있 어 야 죠 -
싱 싱 하 고 하 얀 마 늘 이 있 어 야 죠 -
배 추 고 추 마 늘 모 두 다 있 어 야 죠 -

설날

윤극영 작사
윤극영 작곡

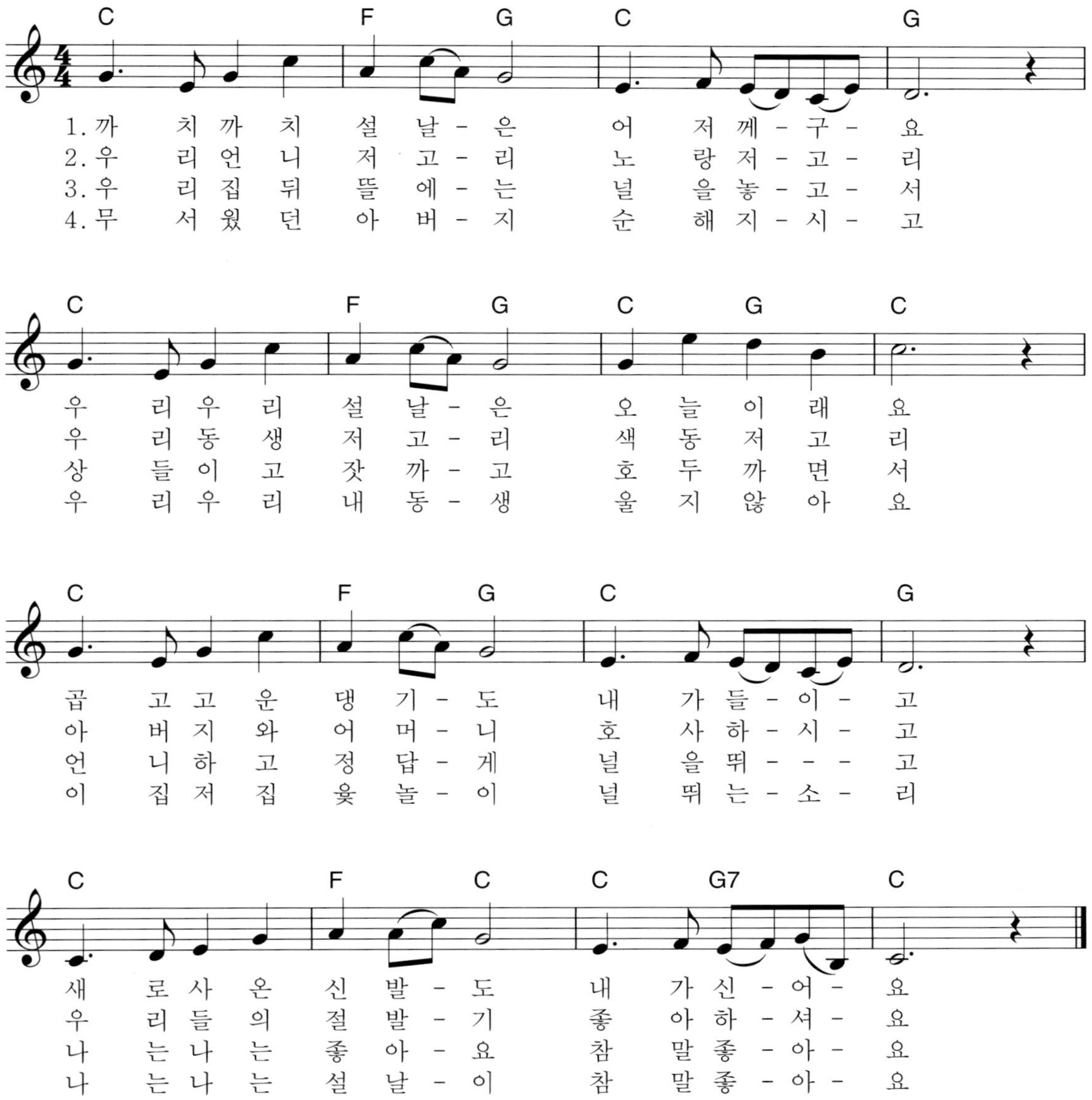
C F G C G
1.까 치 까 치 설 날 - 은 어 저 께 - 구 - 요
2.우 리 언 니 저 고 - 리 노 랑 저 - 고 - 리
3.우 리 집 뒤 뜰 에 - 는 널 을 놓 - 고 - 서
4.무 서 웠 던 아 버 - 지 순 해 지 - 시 - 고
C F G C G C
우 리 우 리 설 날 - 은 오 늘 이 래 요
우 리 동 생 저 고 - 리 색 동 저 고 리
상 들 이 고 잣 까 - 고 호 두 까 면 서
우 리 우 리 내 동 - 생 울 지 않 아 요
C F G C G
곱 고 고 운 댕 기 - 도 내 가 들 - 이 - 고
아 버 지 와 어 머 - 니 호 사 하 - 시 - 고
언 니 하 고 정 답 - 게 널 을 뛰 - - - 고
이 집 저 집 윷 놀 - 이 널 뛰 는 - 소 - 리
C F C C G7 C
새 로 사 온 신 발 - 도 내 가 신 - 어 - 요
우 리 들 의 절 발 - 기 좋 아 하 - 셔 - 요
나 는 나 는 좋 아 - 요 참 말 좋 - 아 - 요
나 는 나 는 설 날 - 이 참 말 좋 - 아 - 요

애국가

안익태 작곡

G C D
1. 동 해 물 과 백 두 산 이 마 르 고 닳 도 록
2. 남 산 위 에 저 소 나 무 철 갑 을 두 른 듯
3. 가 을 하 늘 공 활 한 데 높 고 구 름 없 이
4. 이 기 상 과 이 맘 으 로 충 성 을 다 하 여
D G D7 G
하 느 님 이 보 우 - 하 사 우 리 나 라 만 세
바 람 서 리 불 변 - 함 은 우 리 기 상 일 세
밝 은 달 은 우 리 - 가 슴 일 편 단 심 일 세
괴 로 우 나 즐 거 - 우 나 나 라 사 랑 하 세
(후렴)
D7 G D7
무 - 궁 화 삼 - 천 리 화 려 강 - 산
G G D7 G
대 한 사 람 대 한 - 으 로 길 이 보 전 하 세

독도는 우리 땅

박인호 작사
박인호 작곡

Am
Dm
E7
1. 울 릉 도 - 동 남 쪽 뱃 길 따 라 이 백 리 외 로 운 - 섬 하 나 새 들 의 고 향
2. 경 상 북 도 울 릉 군 울 릉 읍 - 독 도 리 동 경 백 - 삼 십 일 북 위 삼 십 칠
3. 오 징 어 - 꼴 뚜 기 대 구 명 태 거 북 이 연 어 알 - 물 새 알 해 녀 대 합 실
4. 지 증 왕 - 십 삼 년 섬 나 라 - 우 산 국 세 종 실 록 지 리 지 오 십 쪽 셋째 줄
5. 러 일 전 쟁 직 후 에 임 자 없 는 섬이 라 고 억 지 로 - 우 기 면 정 말 곤 란 해
Am
E7
Am
그 누 가 - 아 무 리 자 기 네 땅 이 라 고 우 겨 도 독 도 는 우 리 - 땅
평 균 기 온 십 이 도 강 수 - 량 - 은 - 천 삼 백 독 도 는 우 리 - 땅
십 칠 만 평 방 미 터 우 물 - 하 - 나 - 분 화 구 독 도 는 우 리 - 땅
하 와 이 는 미 국 땅 대 마 - 도 - 는 - 몰 라 도 독 도 는 우 리 - 땅
신 라 장 군 이 사 부 지 하 - 에 - 서 - 웃 는 다 독 도 는 우 리 - 땅

어린이가 꿈꾸는 나라

미상 작사
미상 작곡

F
B♭
F
1. 어 린 이 가 꿈 꾸 는 우 리 나 라 는
2. 어 린 이 가 꿈 꾸 는 우 리 나 라 는
B♭
F
B♭
C7
남 쪽 북 쪽 어 린 이 함 께 모 여 서
세 계 에 서 모 여 든 젊 은 이 들 이

한국을 빛낸 100명의 위인들

박문영 작사
박문영 작곡

조금 빠르게
1. 아름다운이땅에 금수강산에 단군할아버지가 터잡으시고
2. 말목자른김유신 통일문무왕 원효대사해골물 혜초천축국
3. 황-금을보기를 돌같이하라 최--영장군의 말씀받들자
4. 번쩍번쩍홍길동 의적임꺽정 대쪽같은삼학사 어사박문수
홍익인간뜻으로 나라세우니 대대손손훌륭한 인물도많아
바다의왕자장보고 발해대조영 귀주대첩강감찬 서희거란족
황희정승맹사성 과학장영실 신숙주와한명회 역사는안다
삼년공부한석봉 단원풍속도 방랑시인김삿갓 지도김정호
고구려세운동명왕 백제온조왕 알에서나온혁거세
무단정치정중부 화포최무선 죽림칠현김부식
십만양병이율곡 주리이퇴계 신사임당오죽헌
별헤는밤윤동주 종두지석영 삼십삼인손병희
만주벌판달려라 광개토대왕 신라장군이사부
지눌국사조계종 의천천태종 대마도정벌이종무
잘싸운다곽재우 조헌김시민 나라구한이순신
녹두장군전봉준 순교김대건 서화가무황진이
만세만세유관순 도산안창호 어린이날방정환

F G E‹
백 결 선 생 떡 방 아 삼 천 궁 녀 의 자 왕
일 편 단 심 정 몽 주 목 화 씨 는 문 익 점
태 벙 태 세 문 단 세 사 육 신 과 생 육 신
못 살 겠 다 홍 경 래 삼 일 천 하 김 옥 균
이 수 일 과 심 순 애 장 군의 아 들 김 두 한
D‹ C E Am
황 산 벌 의 계 백 맞 서 싸 운 관 창 역 사 는 흐 른 다
해 동 공 자 최 충 삼 국 유 사 일 연 역역 사 는 흐 른 다
몸 바 쳐 서 논 개 행 주 치 마 권 율 역역 사 는 흐 른 다
안 중 근 은 애 국 이 완 용 은 매 국 역역 사 는 흐 른 다
날 자 꾸 나 이 상 황 소 그 림 중 섭 역 사 는 흐 른 다

세계의 아침 인사

에클로프 작사
에클로프 작곡

E♭ B♭ E♭
한국 말로인사는 안녕 하세요 안녕 하세요 안녕 하세요 - 한국
B♭ E♭
말로인사는 안녕 하세요 안 녕 - 하 세 요 중국
E♭ B♭ E♭
말로인사는 니 하오마 니 하오마 니 하오마 중국
E♭ B♭ E♭
말로인사는 니 하오마 니 하 - 오 - 마 하와이
E♭ B♭ E♭
말로인사는 알 로 하 알 로 하 알 로 하 하와이
E♭ B♭ E♭
말로인사는 알 로 하 알 로 - - - 하

6. 생활 도구 및 교통기관

간다간다

김성균 작사
김성균 작곡

C G7
1. 간 다 간 다 간 다 간 다 골 목 길 로 간 다 간 다 간 다 간 다 넓 은 길 로
2. 간 다 간 다 간 다 간 다 지 붕 위 로 간 다 간 다 간 다 간 다 구 름 위 로
3. 간 다 간 다 간 다 간 다 산 을 넘 어 간 다 간 다 간 다 간 다 강 을 건 너
C F C G7 C
간 다 간 다 간 다 간 다 뛰 뛰 빵 빵 랄 라 랄 라 자 동 차
간 다 간 다 간 다 간 다 뛰 뛰 빵 빵 랄 라 랄 라 비 행 기
간 다 간 다 간 다 간 다 굴 을 지 나 랄 라 랄 라 기 - 차

고마운 자동차

박상문 작사
박상문 작곡

D
A
자동차가없던옛날 옛적 에- 나귀하고가마타고 다녔
D
G
D
A
D
소가끄는수레 소 달구지에- 짐 실 어 날랐 대 -
A7
D
자동차가없던옛날 - 참 힘 들 었 구나 -
A7
G
D
자동차가있어 서 - 참 편 해 졌 구나 -
G
D
A7
D
고 마 운 자 동 차

기차를 타고

김옥순 작사
김태호 작곡

G C D
1. 기 - 차 타 고 신 - 나 게 달 - 려 가 보 자
2. 기 - 차 타 고 신 - 나 게 달 - 려 가 보 자
D7 D G G
높 - 은 산 도 지 - 나 고 넓 은 들 도 지 나 고
높 - 은 산 도 지 - 나 고 넓 은 들 도 지 나 고
C G D7
푸 - 른 산 을 지 날 땐 - 산 - 새 를 찾 고
따 - - 뜻 한 마 음 을 - 서 - 로 나 누 면
C G D7 G
넓 - 은 바 다 지 날 땐 - 물 - 새 와 놀 고
처 - 음 만 난 옆 사 람 도 정 - 다 운 이 웃
G C D
설 - 레 임 을 가 득 안 고 달 - 려 가 보 자
즐 - 거 움 을 가 득 안 고 달 - 려 가 보 자
D7 D G G
새 - - 로 운 세 - 상 이 자 꾸 자 꾸 보 인 다
아 - 름 다 운 세 - 상 이 자 꾸 자 꾸 보 인 다

더 빠른 것 더 느린 것

김옥련 작사
김숙경 작곡

F
B♭
C
F
자 전 거 보 다 더 빠 른 것 은 자 동 차 자 동 차 (짝 짝 짝)
로 케 트 보 다 더 느 린 것 은 비 행 기 비 행 기 (짝 짝 짝)
F
B♭
C
F
자 동 차 보 다 더 빠 른 것 은 비 행 기 비 행 기 (짝 짝 짝)
비 행 기 보 다 더 느 린 것 은 자 동 차 자 동 차 (짝 짝 짝)
F
C
F
비 행 기 보 다 더 더 빠 른 것 은 빠 른 것 은 로 로 로 로 케 트
자 동 차 보 다 더 더 느 린 것 은 느 린 것 은 자 자 자 자 전 거

병원차와 소방차

유경손 작사
유경손 작곡

B♭ E♭
1. 하 얀 자동차가 삐 뽀 삐 뽀 내가먼저가야해요 삐 뽀 삐 뽀
2. 빨 간 자동차가 애 앵 애 앵 내가먼저가야해요 애 앵 애 앵
F B♭ E♭ B♭
아픈사람탔으니까 삐 뽀 삐 뽀 병원으로가야해요 삐뽀삐뽀삐
불났어요불났어요 애 앵 애 앵 불을끄러가야해요 애애애애앵

주전자

외국 곡

C F C G C G C
나는작고뚱 뚱한 주 전 자 손 잡이있 고 주둥이있죠
C F C G C
보글보글물 이 끓 으 면 쭉 기울려따라 주 세 요

자전거

목일신 작사
김대현 작곡

C F Dm
1. 따 르 릉 따 르 릉 비 켜 나 셔 요
2. 따 르 릉 따 르 릉 이 자 전 거 는
C Dm C Em
자 전 거 가 나 갑 니 다 따 르 르 르 릉
울 아 버 지 장 에 갔 다 돌 아 오 실 때
C F G
저 기 가 는 저 사 람 조 심 하 셔 요
꼬 부 랑 - 꼬 부 랑 고 개 를 넘 어
Dm F C G7 C
어 물 어 물 하 다 가 는 큰 일 납 니 다
비 탈 길 로 스 르 르 르 타 고 온 다 오

가위 노래

강신욱 작사
이수인 작곡

C F C G C
가 위 로 가 위 로 무 얼 할 까 요 싹 둑 싹 둑 종 이 를 자 르 지 요
F C G C
가 위 로 가 위 로 무 얼 할 까 요 싹 둑 싹 둑 싹 둑 싹 둑 이 발 하 지 요
F C G C G C
가 위 로 가 위 로 무 얼 할 까 요 싹 둑 싹 둑 예 쁜옷을 만 들 지 요
C F G C
싹둑 싹 둑싹둑 싹둑 싹 둑싹 둑 싹둑 싹둑 싹 둑싹 둑 싹둑싹둑 싹둑 싹둑싹 둑

우산

윤석중 작사
이계석 작곡

C G7 C
이 슬 비 내 리 는 이 른 아 침 에
F Dm C
우 산 셋 이 나 란 히 걸 어 갑 니 다
G C
파 란 우 산 검 정 우 산 찢 어 진 우 산
F C G7 C
좁 다 란 학 교 길 에 우 산 - 세 개 가
F C G C
이 마 를 마 주 대 고 걸 어 갑 니 다

할아버지 시계

와그너 작곡

1.길 고 커다란 마루 위 시계는 우리 할 아버지 시- 계 9 0
2.할 아 버지의 커다 란 시계는 무엇 이 든지알 고있 지 예쁜
년 전 에 할 아 버 지 태어나던 날 아 침 에 받은시 계란 다 언제
새 색 시 가 - 들 어 오던그날도 정답 게 울리던 그시 계 우리
나 정답게 흔들 어 주 던 시 계 할 아 버 지의옛 날시 계 이
할 아버지 돌아 가 신 그 날 밤 종 소 리 울리며 그쳤 네
젠 더 가 질않네 가 지 를 않 - - 네 9 0
년 동 안 쉬지않 고 할 아 버 지와 함께 이
젠 더 가 질않네 가 지 를 않 - - 네 할 아
버 지 의 시 계

텔레비전

정근 작사
정근 작곡

F C7 F
텔레비전에 내가나왔으면 정말좋겠네 – 정말좋겠네
텔레비전에 내가나왔으면 정말좋겠네 – 정말좋겠네
F C F C
춤추고 노래하는 예쁜내얼굴
애기가 엄마하고 부를테니까
F C7 F C7 F
텔레비전에 내가나왔으면 정말좋겠네 – 정말 좋겠네
텔레비전에 내가나왔으면 정말좋겠네 – 정말 좋겠네

바람개비

노원호 작사
신진수 작곡

D G A A
동 구 밖 언 덕 길 에 서 들 려 보 는 바 람 개 비
D G A D
빙 그 르 르 빙 그 르 르 르 돌 아 가 는 바 람 개 비
G D G A
1. 들 판 의 햇 살 을 모 두 휘 감 고 아 카 시 아 꽃 잎 처 럼
2. 그 고 운 날 개 가 팔 랑 거 릴 때 불 쑥 불 쑥 솟 아 나 는
D G A7 D
고 운 나 래 펴 보 는 한 마 리 고 운 나 비
고 향 하 늘 하 늘 로 날 려 서 보 내 줄 까
D G A
동 구 밖 언 덕 길 에 서 들 려 보 는 바 람 개 비
D G D
빙 그 르 르 빙 그 르 르 르 돌 아 가 는 바 람 개 비

등대지기

고은 작사
영국 민요

1. 얼 어 붙 은 달 그 - 림 자 물 결 위 에 - 자 고 - 한
2. 모 질 게 도 비 바 - 람 이 저 바 다 를 - 덮 어 - 산
겨 울 의 거 센 - 파 도 모 으 는 작 - 은 섬 - 생
을 이 룬 거 센 - 파 도 천 지 를 흔 - 든 다 - 이
각 하 라 저 등 대 를 지 키 는 사 - 람 의 - 거
밤 에 도 저 등 대 를 지 키 는 사 - 람 의 - 거
룩 하 고 아 름 - 다 운 사 랑 의 마 - 음 을 -
룩 한 손 정 성 - 이 어 바 다 를 비 - 친 다 -

종이 나라

박혜서 작사
박혜서 작곡

C G C G F C Dm
종 이 나 라 예 쁜 나 라 신 기 한 나 라 내 마 음 따 라
Dm C F C G C
내 생 각 따 라 만 드 는 종 이 나 라 곱 게 더 - 곱 게
G Dm C F Dm C G
멋 지 게 - 더 멋 지 게 접 고 또 - 접 어 오 리 고 -
G7 F C G
또 붙 여 서 아 름 다 운 종 이 나 라 함 께 만 들 어 요
F C C G C
아 름 다 운 종 이 나 라 함 께 만 들 어 요

숲속의 합창

김성균 작사
김성균 작곡

C G
1. 산 새 들 이 말 하 기 를 봄 이 왔 대 요
2. 벌 - 들 이 말 하 기 를 봄 이 왔 대 요
C G
새 싹 들 이 말 하 기 를 봄 이 왔 대 요
별 - 들 이 말 하 기 를 봄 이 왔 대 요
C F
시 냇 물 이 말 하 기 를 봄 이 왔 대 요
꽃 - 들 이 말 하 기 를 봄 이 왔 대 요
C G C
짹 짹 짹 짹 짹 짹 뽀 드 득 뽀 드 득 뽀 드 득 졸 졸 졸 졸 졸 졸 졸
윙 - 윙 - 윙 - 반 - 짝 반 - 짝 반 - 짝 빨 강 파 랑 노 - 랑

참 재미있었지

김성균 작사
김성균 작곡

C G C
나 는 나 는 산 으 로 갔 었 지 산 – 에 서 무 얼 보 았 니
나 는 나 는 바 다 로 갔 었 지 바 다 에 서 무 얼 보 았 니
C G Dm G C
졸 졸 졸 졸 흐 르 는 시 – 냇 물 맴 맴 맴 맴 맴 매 – 미
조 그 맣 고 하 얀 – 조 개 껍 질 깍 깍 깍 깍 깍 갈 매 기
C F C G
랄 랄 라 랄 랄 라 참 좋 았 겠 구 나
C F C G C
랄 랄 라 랄 랄 라 참 재 미 있 었 지

숲속을 걸어요

유종슬 작사
정연택 작곡

F Bb F C F
1. 숲 속 을 걸 어 요 산 새 들 이 속 삭 이 는 길
2. 숲 속 을 걸 어 요 맑 은 바 람 솔 바 람 이 는
F Bb F C F
숲 속 을 걸 어 요 꽃 향 기 가 그 - 윽 한 길 햇 님
숲 속 을 걸 어 요 도 랑 물 이 노 래 하 는 길 달 님
Bb F C
도 쉬 었 다 가 는 길 - 다 람 쥐 가 넘 나 드 는 길 정 다
도 쉬 었 다 가 는 길 - 산 노 루 가 넘 나 드 는 길 웃 음
F Bb C F
운 얼 굴 로 우 리 모 두 숲 속 을 걸 어 요
띤 얼 굴 로 우 리 모 두 숲 속 을 걸 어 요

돌과 물

윤석중 작사
전석환 작곡

D
A7
D
1. 바 윗 돌깨 뜨 려 돌 덩 이 돌 덩 이깨 뜨 려 돌 멩 이
2. 도 랑 물모 여 서 개 울 물 개 울 물모 여 서 시 냇 물
D
G
A7
D
돌 멩 이깨 뜨 려 자 갈 돌 자 갈 돌깨 뜨 려 모 래 알
시 냇 물모 여 서 큰 강 물 큰 강 물모 여 서 바 닷 물
D
A7
D
라 라라 라 라 라 라 라 라 라라 라 라 라 라 라
라 라라 라 라 라 라 라 라 라라 라 라 라 라 라

작은 별

윤석중 작사
모차르트 작곡

C F C F C
반 짝 반 짝 작 은 별 아 름 답 게
G C G F C G
비 치 네 동 쪽 하 늘 에 서 도
G F C G C G
서 쪽 하 늘 에 서 도 반 짝 반 짝
F C F C D C
작 은 별 아 름 답 게 비 치 네

하늘나라 동화

이강산 작사
이강산 작곡

G C D
동 산 위 에 올 라 서 서 파란하 늘 바 라 보 며 –
G C D G
천 사 얼 굴 선 녀 얼 굴 마음속 에 그려봅 니 다 –
C G D
하 늘 끝 까 지 올 라 – 실바 람 을 끌 어 안 고 – 날개
G D G
달 린 천 사 들 과 – 속삭 이 고 싶 어 라 –

매미

이태선 작사
박재훈 작곡

D A7 D
1. 숲 속의 매미가 노래를 하면
2. 숲 속의 매미가 노래를 하면
A7 D A
파 - 란 저 하늘이 더 파래지고
찬 이슬 아침마다 훌쩍내리고
D
과 수밭 열매가 절로익는다
가 을이 저만큼 다가온다죠
G D A D
과 - 수 밭 열 매 가 절 로 익 는 다
가 - 을 이 저 만 큼 다 가 온 다 죠

구슬비

권오순 작사
안병원 작곡

조금 빠르게
C Dm
1. 송 알 송 알 싸 리 잎 에 은 구 슬
2. 고 이 고 이 오 색 실 에 꿰 어 서
G C
조 롱 조 롱 거 미 줄 에 옥 구 슬
달 빛 새 는 창 문 가 에 두 라 고
C F C F G
대 롱 대 롱 풀 잎 마 다 총 총
포 슬 포 슬 구 슬 비 는 종 일
C G C
방 긋 웃 는 꽃 잎 마 다 송 송 송
예 쁜 구 슬 맺 히 면 서 솔 솔 솔

둥근 달

윤석중 작사
권길상 작곡

G D7
보 름 달 둥 근 달 동 산 위 에 떠 올 라 -
G D7 G
어 둡 던 마 을 이 대 낮 처 럼 환 해 요 -
D7 G Am A7 D7
초 - 가 집 지 붕 에 새 하 얀 박 - 꽃 이 -
G C Am B7 C D7 G
활 짝 들 피 - 어 서 달 구 경 하 지 요 -

반달

윤극영 작사
윤극영 작곡

E♭ A♭ E♭ E♭
1.푸 른 하 늘 은 - 하 수 하 얀 쪽 배 엔
2.은 하 수 를 건 - 너 서 구 름 나 라 로
E♭ A♭ B♭7 E♭
계 수 나 무 한 - 나 무 토 끼 한 마 리
구 름 나 라 지 - 나 선 어 디 로 가 나
B♭7 E♭ B♭7 E♭
돛 대 도 아 니 달 고 삿 대 도 없 이
멀 리 서 반 짝 반 짝 비 치 이 는 건
E♭ B♭ E♭ A♭ E♭ B♭ E♭
가 기 도 잘 도 간 다 서 - 쪽 나 라 로
샛 별 이 등 대 란 다 길 - 을 찾 아 라

산에 나무가 없으면

이강덕 작사
손정우 작곡

C G G7 C
1.산 에 나 무 가 없 으 면 산 에 나 무 가 없 으 면
2.산 에 나 무 가 있 으 면 산 에 나 무 가 있 으 면
C G C G C
산 에 나 무 가 없 으 면 그 산 - 무 너 지 겠 네
산 에 나 무 가 있 으 면 그 산 - 튼 튼 하 겠 네

지구를 살려 주세요

박상문 작사
박상문 작곡

C Am C G C
지 구 를 - 지 켜 야 - 해 요 자 연 파 괴 멈 추 어 요 -
C Am C G C
지 구 를 - 보 살 펴 야 - 해 요 환 경 오 염 멈 추 어 요 -
F G Am
하 늘 도 땅 도 바 다 도 - 오 염 되 어 병 이 들 었 대 요 -
F G Am G
공 기 도 물 도 오 염 되 어 - 죽 어 간 대 요 -
C Am C G C
지 구 가 - 죽 어 간 - 대 요 자 연 파 괴 멈 추 어 요 -
C Am C G C
지 구 를 - 살 려 야 - 해 요 환 경 오 염 멈 추 어 요 -

8. 계절

〈봄〉

봄이 왔어요

임인전 작사
임정은 작곡

C G7
1. 라 라 라 라 라 라 라 봄 이 왔 어 요
2. 라 라 라 라 라 라 라 봄 이 왔 어 요
C G7 C
가 지 마 다 움 트 는 봄 이 왔 어 요
산 에 산 에 꽃 피 는 봄 이 왔 어 요

봄비

김성균 작사
김성균 작곡

C Dm C Dm
유리창에예 쁜 은 구 슬 쪼로로로롱 쪼로로로롱
C G7 G7 C
떼굴떼굴굴 러 어디로갈까 예 쁜 은 구 슬
G G7 G C
떼굴떼굴 떼굴 쪼 로 롱 떼굴떼굴 떼굴 쪼로로로롱

봄님

김성균 작사
김성균 작곡

C F C G7 C
봄 님이오시는걸 어 떻 게 알 수있었나 요?
C F G7 C
1. 길 - 가에꽃들 이 어여쁘게피어나 봄 님이오시는걸 알았 어요
2. 따 - 뜻한바람 이 산들산들불어와 봄 님이오시는걸 알았 어요
3. 보슬보슬봄비 가 보슬보슬내리니 봄 님이오시는걸 알았 어요

즐거운 소풍 길

이한숙 작사
김창수 작곡

B♭
F7
1. 시 냇 물 건 너 숲 속 오 솔 길 따 라 서
2. 높 은 산 위 에 올 라 솔 바 람 마 시 면
B♭
F7
B♭
발 걸 음 가 벼 웁 게 소 풍 가 는 길
산 허 리 흰 구 름 들 둥 실 떠 가 네
E♭
B♭
F7
엄 마 아 빠 손 잡 고 - 랄 라 랄 라 노 래 부 르 면
아 빠 따 라 야 야 호 - 메 아 리 도 야 호 야 야 호
B♭
Cm
E♭
F7
B♭
저 산 너 머 흰 구 름 - 어 서 오 라 손 짓 합 니 다
엄 마 따 라 야 야 호 - 산 새 들 도 따 라 합 니 다

솜사탕

정근 작사
이수인 작곡

C G
나 뭇 가 지 에 실 처 럼 날 아 든 솜 사 탕
C G C
하 얀 눈 처 럼 희 고 도 깨 끗 한 솜 사 탕
F C Dm G
엄 마 손 잡 고 나 들 이 갈 때 먹 어 본 솜 사 탕
C F C G C
훅 훅 불 면 은 구 멍 이 뚫 리 는 커 다 란 솜 사 탕

〈여름〉

수박파티

김영광 작사
오상철 작곡

C G
커 다 란 수 박 하 나 잘 익 었 나 통 통 통 단 숨 에 쪼 개 니
C
속 이 보 이 네 몇 번 더 쪼 갠 후 에 너 도 나 도 들 고 서
G C
우 리 모 두 하 모 니 카 신 나 게 불 어 요 쭉 쭉 쭉 쭉 쭉
F G C G C
쓱 쓱 쓱 쓱 쓱 싹 싹 싹 싹 싹 쭉 쭉 쓱 쓱 싹

잉잉잉

김성균 작사
김성균 작곡

F C7 F
고 추 밭 에 고 추 는 뽀 족 한 고 추
오 이 밭 에 오 이 는 날 씬 한 오 이
F C7 F C
빨 간 고 추 초 록 고 추 모 두 뾰 족 해
이 리 봐 도 저 리 봐 도 날 – 씬 한 데
F C F
댕 글 댕 글 사 과 가 놀 러 왔 다 가
둥 글 둥 글 호 박 이 놀 러 왔 다 가
F C7 F C7 F
아 야 아 야 따 가 워 서 잉 잉 잉
나 는 언 제 예 뻐 지 나 잉 잉 잉

즐거운 여름

김성균 작사
김성균 작곡

C G7 F C
여름 여름 여름 즐거운여 름 시 원 한 냇가에서
G7 C
고기잡이 합 시 다 랄랄랄라 미꾸라지 뱀장어 송사리떼 올챙이
C F C F C C F C F G C
아 차 하 면 달아납니다 아 차 하 면 달아납니다

잠자리

백약란 작사
손대업 작곡

C G7 C F
잠 자리날 아 다 니 다 장 다리꽃 에 앉 았 다
C G F G7 C G F G7
살 금 살 금 바 둑 이 가
C G7 C F G7 C
잡 다가놓 쳐 버 렸 다 짖 다가날 려 버 렸 다

고기잡이

윤극영 작사
윤극영 작곡

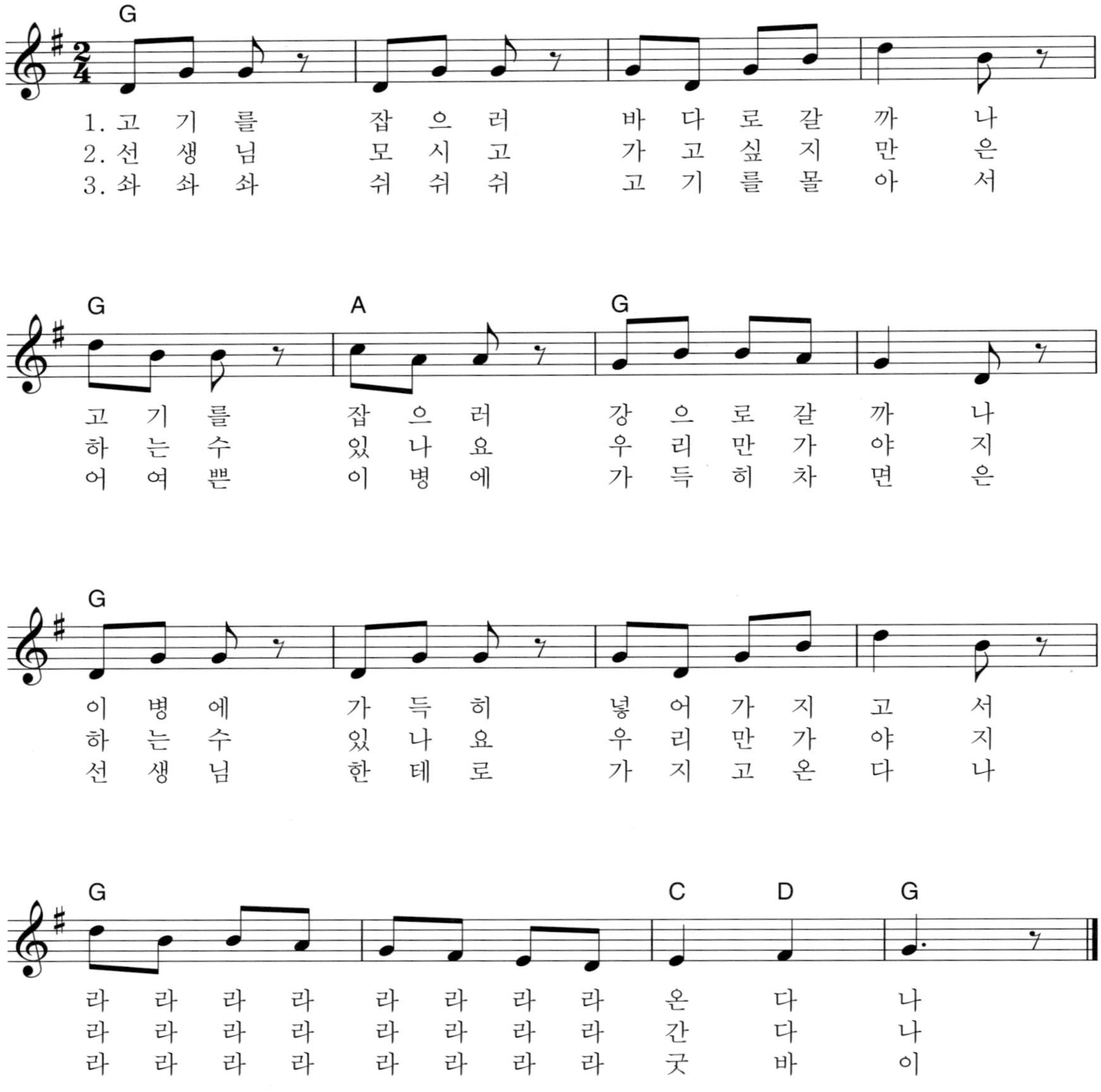
G
1. 고 기 를 잡 으 러 바 다 로 갈 까 나
2. 선 생 님 모 시 고 가 고 싶 지 만 은
3. 솨 솨 솨 쉬 쉬 쉬 고 기 를 몰 아 서
G A G
고 기 를 잡 으 러 강 으 로 갈 까 나
하 는 수 있 나 요 우 리 만 가 야 지
어 여 쁜 이 병 에 가 득 히 차 면 은
G
이 병 에 가 득 히 넣 어 가 지 고 서
하 는 수 있 나 요 우 리 만 가 야 지
선 생 님 한 테 로 가 지 고 온 다 나
G C D G
라 라 라 라 라 라 라 라 온 다 나
라 라 라 라 라 라 라 라 간 다 나
라 라 라 라 라 라 라 라 굿 바 이

〈가을〉

가을

김성균 작사
김성균 작곡

D G D A
1. 가 을 은 - 가 을 은 노 란 색 은 행 잎 을 보 세 요
2. 아 니 아 니 가 을 은 빨 간 색 단 풍 잎 을 보 세 요
3. 아 니 아 니 가 을 은 파 란 색 높 은 하 늘 보 세 요
D G D A7 D
그 래 그 래 가 을 은 노 란 색 아 주 예 쁜 노 란 색
그 래 그 래 가 을 은 빨 간 색 아 주 예 쁜 빨 간 색
그 러 면 - 가 을 은 파 란 색 빨 강 파 랑 노 란 색

가을 길

김규환 작사
김규환 작곡

C F C F C
노 랗 게 노 랗 게 물 들 었 네 빨 갛 게 빨 갛 게 물 들 었 네
C F C F G C
파 랗 게 파 랗 게 높 은 하 늘 가 을 길 은 고 운 길
F G
트랄 랄 랄 라 트랄 랄 랄 라 트랄 랄 랄 랄 라 노 래 부 르 며
C F C F G C
산 넘 어 물 건 너 가 는 – 길 가 을 길 은 비 단 길

가을 소풍

정세문 작사
장혜옥 작곡

C F C
1.산 들 산 들 바 람 따 라 산 으 로 가 자
2.졸 졸 졸 졸 맑 은 - 물 흐 르 는 강 가
F C G7 C G C
단 풍 잎 이 반 겨 주 는 산 으 로 가 자
갈 대 들 이 손 짓 하 는 강 으 로 가 자
C F G7 C F G7 C
야 호 야 호 노 래 하 며 산 으 로 가 자
야 호 야 호 노 래 하 며 강 으 로 가 자

허수아비 아저씨

김규환 작사
김규환 작곡

B♭ E♭ F E♭
1. 하루종일우 뚝 서 있 는 성 난 허수아비 아 저 씨
2. 하루종일참 고 서 있 는 착 한 허수아비 아 저 씨
B♭ E♭ B♭ F
짹짹짹짹짹 아이무서워 새 들이달 아 납 니 다
하하하하하 조심하셔요 모 자가벗 겨 지 겠 네
B♭ E♭ F E♭ B♭
하루종일우 뚝 서 있 는 성 난 허수아비 아 저 씨
하루종일참 고 서 있 는 착 한 허수아비 아 저 씨

코스모스

미상 작사
김성균 작곡

C G7 C G7
빨 개 졌 대 요 빨 개 졌 대 요 길 가 에 코 스 모 스 얼 굴
C G7 C G7 C
빨 개 졌 대 요 빨 개 졌 대 요 길 가 에 코 스 모 스 얼 굴
C G7 C G7
달 님 이 살 짝 입 맞 췄 더 니 달 님 이 살 짝 입 맞 췄 더 니
C G7 C G7 C
빨 개 졌 대 요 빨 개 졌 대 요 길 가 에 코 스 모 스 얼 굴

나뭇잎

천정철 작사
홍난파 작곡

C G7 C G7
1. 오 늘 아 침 창 - 밑 에 나 뭇 잎 이 요
2. 오 늘 아 침 나 무 위 에 산 새 들 이 요
C Dm G7 C
옹 기 종 기 옹 크 리 고 모 여 앉 아 서
옹 기 종 기 옹 크 리 고 모 여 앉 아 서
G7 C G7 C
어 제 저 녁 바 람 은 쌀 쌀 했 다 고
어 제 저 녁 바 람 은 쌀 쌀 했 다 고
F C G7 C
소 근 소 근 소 근 하 면 서 발 발 떱 니 다
재 잘 재 잘 재 잘 대 면 서 발 발 떱 니 다

〈겨울〉

하얀 나라

김성균 작사
김성균 작곡

C G7 C
나 는 눈 이 좋 아 서 꿈 에 눈 이 오 나 봐
C F C G7 C
온 세 상 이 모 두 하 얀 나 라 였 지 어 젯 밤 꿈 속 에
Fine
G C G7 C G
썰 매 를 탔 죠 눈 싸 움 했 죠 커 다 란 눈 사 람 도 만 들 었 죠
D.C.

꼬마 눈사람

강소천 작사
한용희 작곡

C F C
한 겨 울 에 밀 집 모 자 꼬 마 눈 사 람
하 루 종 일 우 두 커 니 꼬 마 눈 사 람
F C G
눈 썹 이 우 습 구 나 코 도 – 삐 뚤 고
무 엇 을 생 각 하 고 혼 자 – 섰 느 냐
C F G7 C
거 울 을 보 여 줄 까 꼬 마 눈 사 람
집 으 로 들 어 갈 까 꼬 마 눈 사 람

멋진 눈사람

김방옥 작사
김방옥 작곡

E♭ B♭7 E♭
눈 을굴려서 눈 을굴려서 눈사람을만들 자
E♭ B♭7 E♭
눈 을굴려서 눈 을굴려서 눈사람을만들 자
A♭ E♭ B♭7 E♭
눈썹 눈 코 입 예쁜얼굴이됐 네
A♭ E♭ B♭7 E♭
모자 안경 외투 장갑 멋진눈사람이 됐 네

괜찮아요

김성균 작사
김성균 작곡

F Bb F C7 F
1. 바 람 불 어 도 괜 찮 아 요 괜 찮 아 요 괜 찮 아 요
2. 호 호 추 워 도 괜 찮 아 요 괜 찮 아 요 괜 찮 아 요
F Bb F C7 F
쌩 쌩 불 어 도 괜 찮 아 요 난 난 난 나 는 괜 찮 아 요
꽁 꽁 얼 어 도 괜 찮 아 요 난 난 난 나 는 괜 찮 아 요
Bb F
털 오 바 때 문 도 아 니 죠 털 장 갑 때 문 도 아 니 죠
털 모 자 때 문 도 아 니 죠 털 구 두 때 문 도 아 니 죠
F Bb F C7 F
씩 씩 하 니 까 괜 찮 아 요 난 난 난 나 는 괜 찮 아 요
용 감 하 니 까 괜 찮 아 요 난 난 난 나 는 괜 찮 아 요

눈

이태선 작사
박재훈 작곡

C G C G C
1.펄 - 펄 눈이옵니다 바 람타 고 눈이옵니다
2.펄 - 펄 눈이옵니다 하 늘에 서 눈이옵니다
F C F C
하 늘나 라 선녀님들이 송 이송 이 하 얀솜을
하 늘나 라 선녀님들이 하 얀가 루 떡 가루를
C G C G7 C
자 꾸자 꾸 뿌려줍니다 자 꾸자 꾸 뿌려줍니다
자 꾸자 꾸 뿌려줍니다 자 꾸자 꾸 뿌려줍니다

루돌프 사슴코

존 마크스 작곡

C G
루 돌 프 사 슴 코 는 매 우 반 짝 이 는 코
C
만 일 네 가 봤 다 면 불 붙 는 다 했 겠 지
C G
다 른 모 든 사 슴 들 놀 려 대 며 웃 었 네
C
가 엾 은 저 루 돌 프 외 톨 이 가 되 었 네
F C F
안 개 낀 성 탄 절 날 산 타 말 하 길
G D G
루 돌프 코 가 밝 으 니 썰 매 를 끌 어 주 렴

C
G
그 후 론 사 슴 들 이 그 를 매 우 사랑 했 네
G
C
루 돌 프 사 슴 코 는 길 이 길 이 기억 되 리

산타할아버지

김성균 작사
김성균 작곡

F C
산 타 할 아 버 지 썰 매 타 고 오 시 면 얼 마 나 신 날 까!
F B♭ F
산 타 할 아 버 지 선 물 갖 고 오 시 면 얼 마 나 좋 을 까!
B♭ F B♭ F C
무 섭 지 않 을 까 산 타 할 아 버 지 긴 수 염 흰 눈 썹 괜 찮 을 까!
F B♭ F
아 니 아 니 아 니 산 타 할 아 버 지 는 무 섭 지 않 을 거 야

고요한 밤 거룩한 밤

모어 작사
그루버 작곡

C G7 C
고 요 한 밤 거 룩 한 밤 어 둠 에 묻 힌 밤
F C F C
주 의 부 - 모 앉 - 아 서 감 사 기 - 도 드 - 릴 때
G7 C G7 C
아 기 잘 도 잔 다 - 아 - 기 잘 도 잔 다 -

저 자 소 개

조유나

덕성여자대학교 대학원 교육학 박사(유아교육)

현) 김포대학교 유아교육과 교수

저서 : 보육실습(2016)
보육학 개론(2019)
유아교육개론(2021)
유아음악교육(2021)

참고 문헌

교육과학기술부(2012). 5세 누리과정 교사용 지도서.
교육과학기술부(2013a). 3세 누리과정 교사용 지도서.
교육과학기술부(2013b). 4세 누리과정 교사용 지도서.
교육과학기술부(2013c). 5세 누리과정 교사용 지도서.
교육과학기술부·보건복지부(2013). 3-5세 연령별 누리과정 해설서.
송주승·주영은(2019). 유아교사를 위한 음악이론과 반주법.
일신서적출판사(2011). 전역 바이엘 피아노 교본.
www.leethoverenmusic.com

유아교사를 위한

동요반주법

초판 1쇄 인쇄 / 2023년 2월 28일
초판 1쇄 발행 / 2023년 3월 3일

저 자 / 조 유 나
발행인 / 이 중 수
발행처 / **동 문 사**

서울특별시 서대문구 홍제원 1길 12
(홍제동 137-8)
Tel : 02)736-3718(대), 736-3710, 3720
Fax : 02)736-3719
등록번호 : 제9-17호
등록일자 : 1974년 4월 27일
가격 : 22,000원

ISBN : 979-11-6328-500-7 (93370)
E-mail : dong736@naver.com
Homepage : www.dongmunsa.com